经济新动能

中国经济如何转型升级

向松祚 - 著

中信出版集团 | 北京

图书在版编目（CIP）数据

经济新动能：中国经济如何转型升级 / 向松祚著
. -- 北京：中信出版社，2020. 3
ISBN 978-7-5217-1224-7

Ⅰ. ①经… Ⅱ. ①向… Ⅲ. ①中国经济—转型经济—研究 Ⅳ. ① F12

中国版本图书馆 CIP 数据核字（2019）第 257262 号

经济新动能：中国经济如何转型升级

著　　者：向松祚
出版发行：中信出版集团股份有限公司
（北京市朝阳区惠新东街甲 4 号富盛大厦 2 座　邮编　100029）
承 印 者：北京楠萍印刷有限公司

开　　本：880mm × 1230mm　1/32　　印　　张：9.75　　字　　数：177 千字
版　　次：2020 年 3 月第 1 版　　印　　次：2020 年 3 月第 1 次印刷
广告经营许可证：京朝工商广字第 8087 号
书　　号：ISBN 978-7-5217-1224-7
定　　价：49.00 元

目　录

使之成为以科技创新为核心推动力量、以产品品质为主要拓展方向的高精尖、高附加值行业。同时，我国需要将资源更多地配置到基础科学研究、教育、医疗、“三农”等领域中，因为只有这样，才能实现高质量发展和经济结构的均衡。

第 3 章　创新决定未来

如何打造新引擎？如何实现创新驱动发展？这不是一件小事。因为它关乎国家发展战略、思维理念、政策方针、体制机制的根本转变。我们要对现在的世界经济形势和我们所面临的经济局面有清醒的认识，要对全球经济和科技发展的最新态势、最新格局有清晰的认识，不能故步自封，妄自尊大。

第 4 章　提升金融竞争力

提升金融业的国际竞争力非常重要。金融市场不应是一个封闭的市场，而应是一个开放的市场，我们要以全球视角考虑国际金融市场的动荡可能造成的冲击。更重要的是，金融是国家的核心竞争力，它关系到国家安全。因此，它应引起我们的高度重视。

第 5 章　黑天鹅、灰犀牛和明斯基时刻

中国能否避免出现明斯基时刻，就要看各项具体经济政策是否能够真正起作用。因为只有在正确的政策引导下，我们才能有效遏制金融风险的累积，防

止中国出现明斯基时刻。

第 6 章　回归金融本质

如果不能从根本上解决中国经济脱实向虚的问题，那么中国经济的转型、增长方式的转变、科学技术的突破等目标，就很难实现。希望我们未来能够把资金、精力、时间投入基础科学研究。

第 7 章　治理金融乱象

如果金融乱象得不到治理、金融秩序得不到整顿，那么金融业的发展也会停滞不前。所以，金融乱象的治理对未来金融的稳定发展非常重要。这是一项极其艰巨的任务。

第 8 章　中国经济的未来

要使中国经济突破困境、突出重围，我们需要全面调整宏观经济政策、微观经济政策，需要系统改革财政政策、货币政策、税收政策、产业政策等多方面的政策，我们更需要转变思维方式，再一次解放思想。

第1章

历史性跨越和划时代转折

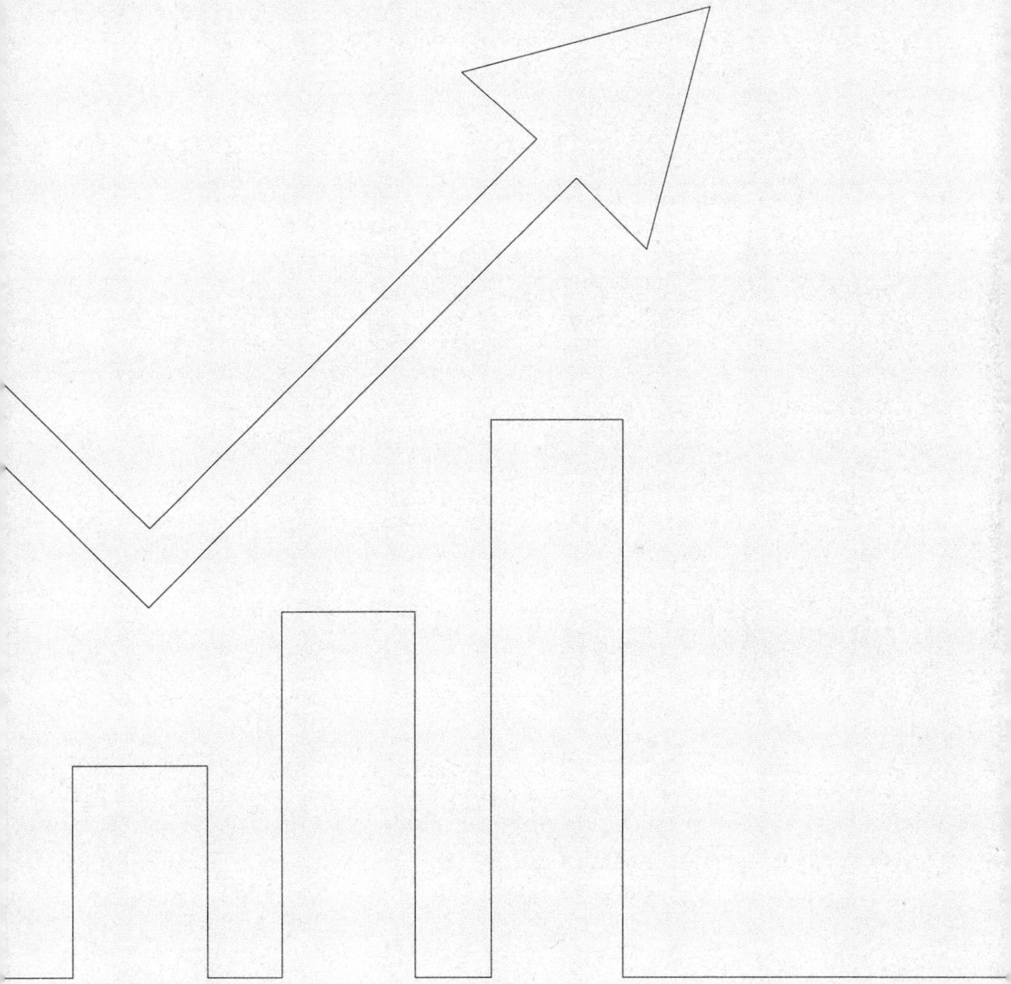

第 1 节　历史性跨越

2018 年 9 月，我到德国慕尼黑参加一个著名的经济论坛。在圆桌讨论环节，主持人问我："您能用最简单的一句话来概述中国经济目前面临的首要问题吗？"我脱口而出："转型升级。"

最近几年来，有关中国经济的各种争论依然围绕 GDP（国内生产总值）增速展开。许多经济学者以翔实的数据和具有说服力的理论模型来解释 GDP 增速持续下行的原因。自 2011 年以来，中国 GDP 增速从 10% 以上持续放缓到今天的 6.2%（2019 年第二季度的数据），且这是一个周期较长的增速放缓。还有经济学者认为，中国经济将在未来某一时刻触底反弹或 V 型反转，以及中国经济将呈现所谓 L 形态。也有经济学者认为，只要各项政策合适，中国经济依然有可能重新出现 8% 以上的 GDP 增速。

早在2016年，我就明确说过，中国经济既不会出现V型反转，也不会呈现L形态。单纯从GDP增速上看，中国经济将会持续下行。我们需要考虑的是如何防止GDP出现急剧减速。然而，中国经济面临的核心问题已经不再是GDP增速，而是转型升级。

> 中国经济面临的核心问题已经不再是GDP增速，而是转型升级。

我们今天面临的一些问题（如制度改革、社会发展），它们都和中国经济的转型升级密切相关。“转型升级”有很丰富的内涵，涉及各个方面。我们首先谈谈为什么中国经济面临的核心问题是转型升级。

实际上，党的十八大以来，中国的经济政策开始出现革命性的调整——推动经济转型升级。从历史上来看，这个“革命性的调整”是一个必然的趋势。当一个国家的经济发展到一定程度时，它的增长方式和发展模式都会有革命性的转变。党的十八大以来，我们一直在讨论、制定和实施一系列的政策以推动经济转型升级，这个必然的趋势要持续至少30年。中国能否成功迈入发达国家行列，中国能否成功跨越中等发展阶段，中国能否成为真正富裕强大和持久繁荣的国家，都要取决于中国是否能够实现经济的转型升级。

改革开放以来，中国经历了数十年高速或中高速的经济增长。中国创造了奇迹，实现了基本的工业化，完成了量的扩张。

中国经济未来的主要目标是要成为一个成熟的发达经济体。按照中国政府的构想和规划，到2050年，也就是中华人民共和国成立100周年，中国要成为一个真正富裕发达的国家，人均收入要达到中高收入国家的平均收入水平。实现这个美好的愿望，中国必然需要完成增长方式和发展模式的转变。这个大趋势是我们讨论中国经济热点问题的一个最根本的背景和前提。也就是说，我们讨论的所有问题都是立足于这个大背景之上的。

在今天这个时点，我们讨论中国经济的热点问题和重大问题，讨论中国和世界的经济贸易以及金融货币的复杂关系的方式，与10年前、20年前、30年前（更不用说改革开放以前）的方式完全不同。我们首先要明白这个基本的大背景。

改革开放40周年，中国经济实现第一次历史性跨越

我们为什么会讨论中国经济增长方式和发展模式的转变，以及中国经济结构转型的问题呢？10年前，更不用说20年前、30年前，我们根本不会讨论这些问题。在那个时候，这些问题并非不存在，而是因为在不同时期，经济发展的重点不同。几十年前，中国经济发展的重点是尽快增长，尽快实现工业化，尽快脱贫致富，尽快实现量的扩张。当然，当时也存在结构问题，但结构问题并不突出，也不是人们关心的重点。改革开放最初几十年，中国追求GDP增速，中国经济呈现出一种外

延式的增长方式。

今天，我们深深感到中国经济不能再简单追求数量扩张，不能再简单追求 GDP 增速了。为什么人们的想法开始发生变化了呢？因为改革开放以来，中国经济已经发生了非常重要的、革命性的、历史性的变化。这个变化的主要表现就是，中国经济经过 40 年的高速增长，迅猛实现了基本工业化，成为世界主要经济体，经济总量增长数百倍。这个变化确实是划时代的变化、历史性的变化。谁能够预测一个国家会有如此巨大的变化呢？这在中国历史上也是少有的变化，是邓小平改革开放伟大创举所创造的惊人奇迹。

我将中国过去 40 年改革开放实现的伟大转变，创造的伟大奇迹，称为中国经济的第一次历史性跨越。我们可以从很多角度、借助不同指标来描绘这个历史性跨越。这个历史性跨越的核心就是，我们用 40 年时间实现了基本工业化。某种意义上说，中国用三四十年的时间，走完了西方几百年的工业化道路（当然，我们的跨越是在发达国家已经创造的科技基础上完成的，我们利用了后发优势）。

> 这个历史性跨越的核心就是，我们用 40 年时间实现了基本工业化。

这个历史性跨越的另一个主要表现就是，经过 40 年的高速增长，中国几乎在所有制造业领域中成为世界第一——产量第一、加工生产能力第一，成为全世界最大的制造业国家。据不完全统计，在全世界 500 多种主要制造业产品中，中国有 220 种产品的产量是高居世界第一的。

当然，我们有严重的短板，那就是农业、服务业、高科技产业、医疗产业、教育产业发展严重失衡。但是中国的绝大多数制造企业已经完成了真正的跨越。这个跨越，实在是一件了不起的大事，它改变了世界经济和政治格局。美国和其他国家的很多经济学者、战略家对此非常吃惊。

中国经济实现第一次历史性跨越的十大标志

改革开放让中国经济实现了第一次历史性跨越，这种跨越的实现有十大标志。

第一，2010 年，中国成为世界第二大经济体。这在当年是轰动全球的大事。当年，全球各大权威媒体（如美国的《纽约时报》《华盛顿邮报》、英国的《金融时报》）相继宣布中国已经成为世界第二大经济体。欧美国家的主要报纸、杂志都刊登了大篇幅的报道，还有很多日本人在文章中表达了日本的经济规模被中国超越的感受。我们要理性客观地看待“世界第二大经济体”的标签，因为我们为此付出了环境、资源等方面的巨大代价，还面临许多深层次的结构性问题。不过，中国进出口贸易总额和 GDP 均跃居世界第二，这无论如何也是一件大事。

我们要理性客观地看待“世界第二大经济体”的标签。

第二，2012 年，中国成为世界第一货物贸易大国。目前中国进出口贸易总额已经占到全球进出口贸易总额的 15% 左右，这个规模是相当庞大的。中国已经是全球很多个国家的第一大贸易伙伴。中国经济的强项之一就是我们庞大的市场和购买力。世界上没有哪个国家能够忽视这一点。

> 中国经济的强项之一就是我们庞大的市场和购买力。

第三，2012 年，中国成为世界第一制造大国。2012 年，据世界权威组织统计，中国已经超越美国，成为世界第一制造大国。在世界 525 种主要工业品中，中国有 220 种产品产量位居世界第一。中国经济的第二大优势，就是我们建立了门类齐全的工业制造体系，尽管我们在某些核心技术方面仍然有所欠缺，但是我们在工业制造领域是绝对的世界第一了。这当然也是一个了不起的成就。

第四，中国有人类历史上史无前例的巨额外汇储

备。我国的外汇储备在最高点时接近 4 万亿美元，现在的外汇储备是 3 万多亿美元。有人说，外汇储备是我们用自己的血汗、资源和劳动力换来的。确实如此。国家领导人也曾表示，庞大的外汇储备令我国负担加重。但是，巨额外汇储备也是强大国力的体现。庞大的外汇储备为我们做重大决策提供了支持，如"一带一路"倡议、创办投行和金砖国家开发银行，等等。所以我们要辩证地看待外汇储备对我们的影响，还要明白它代表了一个国家的经济实力。

第五，中国人均 GDP 超过了 9 000 美元。按照世界银行的标准，中国已进入中等或中高收入国家行列。当然，中国的经济发展非常不平衡，有的地方还非常贫穷。但是从平均数来看，我国确实已进入中高收入国家行列。有人估计中国现在的中产阶级人数已经达到 3 亿左右，这是非常了不起的一个进步。确实有很多中国人不仅脱贫了，而且还变得非常富有。当然，也有一些人还没有完全脱贫，更别谈致富了。所以，"发展"和"增长”依然是中国经济的重中之重，是制定一切经济政策的基本出发点。

第六，中国已经出现了一批世界级的大企业。2018年，进入世界500强的中国企业已经超过120家。2019年，进入世界500强的中国企业继续增加，其数量已经和美国不相上下了。当然，其中大部分是国有企业。但我国的民营企业也开始进入世界500强，华为、腾讯、阿里巴巴等企业，逐步成为世界著名企业，特别是华为已经成为世界上最强大的通信设备制造商和最具研发能力的科技企业。全球排名前十的互联网企业，中国已经有四家了。这当然是一个非常重大的进步。

第七，中国开始成为全球科技进步最快的国家之一。我前面讲到中国目前的短板在于核心技术的不足。但是从历史上看，我们毕竟起步很晚，改革开放只有短短40年，但我们现在的专利申请量连续多年位居世界前列。客观地说，我国已取得多项重大科技成果。譬如华为已经拥有8万多项全球专利，仅在美国注册的专利数就超过了 1.1 万，并为世界上的多个权威组织提供了 5.4 万份文章和建议。这从一个侧面说明了中国科技的长足进步。

第八，人民币成为世界贸易的第二大结算货币，金融货币的全球地位也在快速上升。当然，和美元、欧元相比，人民币与真正的国际货币之间还存在很大的差距，但是毕竟我们取得了巨大进步。2015 年，人民币正式成为国际货币基金组织特别提款权货币篮子的成员货币，且所占份额仅次于美元和欧元，达到了 10.92%，超过了英镑和日元。这也是中国经济实力和经济地位的一个体现。它本身就说明了国际社会对中国过去 40 年所取得的经济建设成就的认可和尊重。

第九，中国金融市场的规模已经跃居世界前三位。我国的股票市场、债券市场和外汇市场的规模都在迅猛增长，特别是位居世界第三的债券市场。

第十，中国开始成为全球经济贸易规则制定、改革的重要参与者，甚至在某些层面上，中国开始成为主

导者。在全球经济贸易规则的制定和改革方面，很多国家支持中国高举自由贸易和多边贸易的大旗（中国也必须要扛起这个大旗）。这也是中国力量的一个体现。很多具有重要影响力的人提出中国应在全球经济贸易规则的制定和全球经济治理体系的完善上发挥更加重要的作用。譬如美国财政部前部长、哈佛大学前校长、知名经济学家劳伦斯·萨默斯在2019年中国发展高层论坛上就明确提出："中国不应该被限定在某一个既定边界内，中国应该拥有有关国际机制制定的发言权。中国更应该参与有关未来全球经济走向的讨论，而不是仅仅作为一个普通成员去适应别国制定的国际秩序。"

以上所讲的十大标志，只是从一个不够全面的角度来描述中国经济的第一次历史性跨越。而更重要的是，十多亿中国人的日常生活水平得到了不断改善，越来越多的中国人摆脱贫穷并进入中高收入群体的行列，人民的生活质量得到了大幅度提升。

中国经济的第一次历史性跨越所取得的伟大成就，

正是我们今天讨论中国经济转型升级的基础和起点。我们站在一个完全崭新的起点上讨论中国的经济问题，畅想和描绘中国经济的未来。这和我们以往讨论中国经济问题的基础和起点完全不同。因此，我们需要新的思维、新的战略和新的政策。

> 我们站在一个完全崭新的起点上讨论中国的经济问题，畅想和描绘中国经济的未来。

第2节　划时代转折

2019年2月，我应华为邀请去西班牙巴塞罗那参加世界移动通信大会。从大会场馆到巴塞罗那街头，到处闪耀着"5G（第五代移动通信网络）is in"（5G时代已经到来）的口号。数万家参展企业齐聚巴塞罗那，从华为这种世界顶级的通信设备制造商到西门子、GE（通用电气）、谷歌、苹果这些国际巨头，从奔驰、宝马等著名汽车企业到各种机器人企业，从百年老店到创业企业，无不以5G和AI（人工智能）为其最鲜明的口号和最重要的战略。大会让我们深深感受到，人类确实正在进入一场新的划时代的工业革命，那就是人工智能革命。

任正非认为，未来的二三十年间，世界将发生天翻地覆的变化，其重要的推动力量就是人工智能。人口众多将不再是成为工业大国的必要条件和优势。加拿大、瑞士、德国将成为工业大国。在人工智能时代，一个人的工作量将相当于十个人乃至上百个人的工作量。加拿大将变成拥有 3 亿人的工业大国，瑞士将变成拥有 8 000 万人的工业大国，德国将变成拥有 8 亿人的工业大国。

因此，中国经济的转型升级即将在广阔的历史视野和宏大的时代背景下完成——我们正在经历划时代的人工智能革命。现在非常热门的 5G 技术，其实也可以看作人工智能的一个技术突破和准备。5G 最大的作用就是让万物互联。中国现在处于 5G 技术的领先地位，特别是华为的 5G 专利在全球首屈一指，这是非常了不起的成就，说明中国追上了新工业革命的脚步，并在某些方面处于领先地位。

然而，尽管中国经济实现了第一次历史性跨越（主要是制造业产业的量的扩张），但我们的核心技术与发达国家仍有很大差距。中国在人工智能应用方面有许多优势，但中国拥有的人工智能核心技术却很少，与发达国家相比还差得远。如今恰逢以人工智能为核心的新工业革命（这场革命可能持续数十年乃至上百年），这对中国经济转型升级提出了巨大的挑战，对中国各个行业的企业均提出了巨大的挑战。

我们靠什么实现了经济的第一次历史性跨越呢？这个问题可以从很多方面找到答案。总体而言，它的实现是依靠邓小平开启的划时代的改革开放。从基本增长方式上来说，改革开放让中国低人工成本的优势发挥出了应有的作用。

还有人总结过中国模式。什么是中国模式呢？这里说法不一。有人认为，中国模式就是“政府主导＋市场竞争＋后发优势”。而产权和交易费用经济学奠基人科斯教授认为，中国模式就是“共产党＋产权＋市场经济”。这些概括都有道理。

然而依我看，市场化改革、市场活力的逐步释放，尤其是千千万万具有创新精神的企业家的涌现是中国实现第一次历史性跨越最重要的因素。中国应给予这些具有创新精神的企业家和企业充分的肯定、全方位的支持和大力弘扬。

> 市场化改革、市场活力的逐步释放，尤其是千千万万具有创新精神的企业家的涌现是中国实现第一次历史性跨越最重要的因素。

首先，民营企业对中国经济的贡献很大。2018年，刘鹤副总理说："民营经济在整个经济体系中具有重要地位，贡献了50%以上的税收，60%以上的GDP，70%以上的技术创新，80%以上的城镇劳动就业，90%以上的新增就业和企业数量。"[①] 民营经济对中国经济的贡献已经超过半壁江山。

其次，政府越少干预的产业发展得越好。计划经济色彩越浓的地区和产业，其发展就越差；计划经济色彩越不浓的地区和产业，其发展就越好。互联网行业就是最有力的证明，同时，深圳和杭州成为颇具活力的创新

① 《中共中央政治局委员、国务院副总理刘鹤就当前经济金融热点问题接受采访》，www.xinhuanet.com/politics/leaders/2018-10/19/c_1123583752.htm。

中心就是最直接的证明。

最后，目前我国真正具有世界影响力和创新活力的企业基本上都是从底层发展壮大的民营企业。客观地说，具有创新活力的国有企业实在不多，甚至可以说，那些处于垄断地位的国有企业缺乏科技创新能力。下面是一些大家都熟悉的例子。

华为：华为于 1988 年创立，注册资金 2 万元，如今销售收入接近万亿元，成为全球最领先的通信设备制造商；它还是 5G 行业的领袖企业，每年的研发投入超过 120 亿美元，排名位居世界前五；它的业务覆盖全世界 170 多个国家，成了真正的大型跨国高科技企业。

腾讯：腾讯于 1998 年创立，如今成为全球最具影响力的互联网企业之一。

阿里巴巴：阿里巴巴于 1999 年创立，如今成为全球最具影响力的互联网企业之一。

吉利汽车：传奇创业家李书福艰苦奋斗数十年，使吉利汽车成为全球汽车巨头之一。

广州长隆：草根企业家苏志刚经过30年的奋斗，使广州长隆成为全球最优秀的主题公园之一。

这样的例子可谓不胜枚举。

所以，一旦中国企业家奋发创新，中国经济必将步入高质量发展轨道。

刘鹤副总理说得好："如果没有民营企业的发展，就没有整个经济的稳定发展；如果没有高质量的民营企业体系，就没有现代产业体系，支持民营企业发展就是支持整个国民经济的发展。"[①]

当然，我们必须同时承认，我们为中国经济的第一次历史性跨越的实现付出了很大代价，或者说付出了沉重代价，如环境污染、贫富分化、经济结构失衡、地区发展失衡、产能过剩、金融风险等，且这些问题非常突出。

这就是为什么党的十八大以来，大家可以看到党中央、国务院对中国经济的整体形势的分析和判断（包括

---

① 《中共中央政治局委员、国务院副总理刘鹤就当前经济金融热点问题接受采访》，www.xinhuanet.com/politics/leaders/2018-10/19/c_1123583752.htm。

具体政策的调整）都是围绕经济的转型升级来展开的，其核心就是转变增长方式和发展模式。有经济学家用"突围"来形容中国经济面临的困境及其必须要跨越的台阶，该说法形象生动，抓住了要害。成功突围依靠的是民营企业的创新活力。

十九大报告描绘中国经济发展大趋势

讨论中国经济的热点问题，我们必须要牢牢掌握对中国经济大趋势的判断。这个判断是什么？党的十九大报告中有非常精彩的一段话，它值得我们仔细去琢磨。

> 我国经济已由高速增长阶段转向高质量发展阶段，正处在转变发展模式、优化经济结构、转换增长动力的攻关期，建设现代化经济体系是跨越关口的迫切要求和我国发展的战略目标。我们必须坚持质量第一、效益优先，以供给侧结构性改革为主

> 线，推动经济发展质量变革、效率变革、动力变革，提高全要素生产力，着力加快建设实体经济、科技创新、现代金融、人力资源协同发展的产业体系，着力构建市场机制有效、微观主体有活力、宏观调控有度的经济体制，不断增强我国经济创新力和竞争力。[①]

这段话对中国经济大趋势给予了高度的总结和概括。

而中国经济大趋势就是中国经济在过去 40 年完成的第一次历史性跨越。这个历史性跨越是指量的扩张，基本工业化的完成，完整加工制造体系的建立。这是了不起的成绩。第一次历史性跨越或者第一个高速增长阶段主要是指量的扩张。现在，我国经济正转向高质量发

---

① 《习近平：决胜全面建成小康社会夺取新时代中国特色社会主义伟大胜利——在中国共产党第十九次全国代表大会上的报告》，www.xinhuanet.com/politics/19cpcnc/2017-10/27/c_1121867529.htm。

展阶段。这是一个本质的变化，从量的扩张、速度的扩张到质量的提升，不是一个简单的事情，是一个非常艰难的过程。中国经济能否顺利完成这个目标关系到中国是否能够成为真正的发达国家。

总结世界各国经济发展的历史经验，我们可以看到一个基本的规律：当一个国家的经济处于量的扩张的阶段时，其 GDP 增速都比较高。美国经济在 19 世纪后期至 20 世纪初期经历了高速增长。日本经济在明治维新后的三十多年，以及二战后经历了高速增长。德国经济也在二战后经历了高速增长。总之，这些国家都是通过量的扩张快速实现或重新实现工业化，进而实现了较高的 GDP 增速。相比较而言，量的扩张比较容易实现，政府的财政政策、货币政策、信贷政策也能对 GDP 增速产生立竿见影的效果。然而，一旦经济从高速增长阶段进入高质量发展阶段，以前的许多政策措施就不再适用了，以前的企业经营策略和管理方法也不再行之有效了。这是一个巨大的挑战。与此同时，经济进入高质量发展阶段之后，GDP 增速或很多企业的收入利润增速都会大幅度放缓，甚至出现负增长，这对很多企业来说都是一个严峻的挑战。

所以，20 世纪后期的美国 GDP 增速基本都保持在 5% 以下，日本 GDP 增速和德国 GDP 增速也在 20 世纪 70 年代后，迅速下降到 3% 左右。因为这些国家的政府对其经济政策进行了根本性调整。因此，从高速增长阶段转向高质量发展阶段是一个非常痛苦的过程，是一个脱胎换骨的过程，是一个思维方式和战略策略发生根本性转变的过程。这个苦练内功的过程需要真正的科学精神、工匠精神，它将带领国家走向一个新时代。

自党的十八大以来，中国经济政策一直沿着这个基本的方向在调整。但经济政策的调整是非常困难的，经济结构和发展模式的调整就更加困难了，短则需要二三十年，长则需要五十年甚至一百年。

2012 年，最高决策层对中国经济形势的判断更加准确。最早的一个提法是经济的新常态。2013 年、2014 年，各方都在讨论经济的新常态。什么是新常态？我们主要从 GDP 增速放缓的角度来讨论新常态，也就是说中国 GDP 增速将从高速放缓到中高速，甚至中速。因为中国过去的 GDP 增速都是 8% 以上，或者至少 7% 以上（这是一个很高的速度）。

> 但经济政策的调整是非常困难的，经济结构和发展模式的调整就更加困难了，短则需要二三十年，长则需要五十年甚至一百年。

世界各国的经济发展史表明，任何一个国家，不管是大国还是小国（尤其是大国），其 GDP 不可能永远维持高速增长。美国也好，日本也好，德国也好，英国也好，任何国家的 GDP 在高速增长一段时间后，GDP 增速都将放缓。

比如，日本在二战后的很长一段时间内，其 GDP 增速都维持在 9% 甚至 10% 以上，这是人类历史上少见的奇迹。所以日本在二战之后，很快成为世界第二大经济体。

二战后，德国的 GDP 增速也非常高。德国每年的 GDP 增速都超过了 7%，有的时候更高。

但 20 世纪 70 年代以后，这些国家的 GDP 增速都大幅度地下降了（有自身的原因，也有外部环境的原因），这是有其历史必然性的。

所以大家可以看到，如今的德国、英国、日本等国家的 GDP 增速很少超过 2%，偶尔可能为 2%~3%。美国也是这样，美国在二战之后的一段时间内，其 GDP 增速也是很高的（5% 以上），但后来其 GDP 增速也开始放缓。

20 世纪 80 年代，美国出现“里根供给学派经济政策革命”——里根实施的大幅度减税政策。供给学派的经济政策主张减税，和今天美国的减税政策异曲同工。实施里根减税政策之后，美国的 GDP 曾经出现过一段时间的高速增长，增速达到 5% 左右，但后来的 GDP 增速也逐步放缓。现在美国的 GDP 增速若能达到 3% 或

3.5% 就已经难能可贵了，很难超过 4%。

所以在党的十八大之后，最高决策层提出了中国经济新常态的概念。虽然这个新常态着眼于 GDP 增速，但它告诉我们要有对政策做出重大调整的心理准备——不再单纯追求 GDP 增速和不再盲目追求高速度。所以这些年从中央到地方，政府对 GDP 增速的强调在逐渐减弱。2017 年以后，有一些地方政府的《政府工作报告》已经取消了“确定 GDP 增速指标”的要求。中央已经提出要从省市开始确定高质量增长的政绩考核体系，并且党的十八大之后，中央一直在沿着这个方向调整。

为什么中国经济不可能一直维持高速增长？因为一旦经济这块“蛋糕”被做大了，需求就会减少，投资机会自然就会减少，新增空间变小，经济增长自然就会放缓。譬如，人们的衣食住行的基本需求在得到满足之后，这部分需求就不可能高速增长了；汽车发展初期，人人都想买车，每年汽车销售量的增速都是两位数，等到多数人或有购买力的人都拥有汽车之后，需求必然大幅度减少，所以这两年中国汽车的销售量都是负增长；在房地产行业发展初期，人人都需要房子，房地产行业处于高速增长期，当大多数人都拥有房产之后，购买力被释放，房地产行业就必然进入一个缓慢增长或没有增长或负增长的阶段。基础设施建设也是这个道理，高速公路、高铁等基础设施的建设不可能一直持续下去。可见，经济进入中低速增长的新常态是必然趋势，它不以人的意志为转移。

> 经济进入中低速增长的新常态是必然趋势，它不以人的意志为转移。

有一些经济学者试图用复杂的模型来论证“中国经济未来可以高速增长30年或者更长时间”。这些预测是在很多假设的前提下做出的，不具有参考价值。事实也已证明有些预测是错误的，我们需要面对现实。

党的十八大之后，经济政策调整的第二个阶段就是进一步强调供给侧结构性改革，也就是去库存、去产能、去杠杆，降成本，补短板的供给侧结构性改革。大家应该注意，新常态强调解决 GDP 增速过快的问题，供给侧结构性改革则强调解决结构失衡的问题。

中国经济的问题出在哪里？我国的经济增长为什么不可能再维持高速度？从纯粹经济学的角度上看，党的十八大、十九大对中国经济的判断是非常重要的。如果经济内在的增长速度（对应的经济学名词是“潜在增长速度”）或者国家现在的资源状况、技术水平所允许的潜在的增长速度是逐渐下降的，那么采取刺激政策只会造成适得其反的效果，甚至会造成严重的金融危机。这就好比一个人虽然已经长成了一个大胖子，却是虚胖，他需要通过健身调整身体状态。如果这个人依然胡吃海喝，那么他的身体早晚会出大问题，他甚至会因病死亡。经济体系也是一样，不能“看错病”，更不能“吃错药”。

所以对中国经济新常态的判断是非常重要的，它能让我们做出正确的关于政策调整的决策。当然，推进政策调整工作的过程并不是那么一帆风顺，到今天为止，这些改革和调整也并没有被完全落实。但从理论判断、政策判断和战略判断上看，这些调整工作肯定是有重大意义的。

“三去一降一补”的供给侧结构性改革，对不对呢？当然是对的，而且它还取得了一些成效（虽然这些成效还不是很明显）。只是结构调整的任务和增长方式转变的任务都非常艰巨，不可一蹴而就。

中国在过去40年取得巨大经济成就的同时，结构失衡问题也变得非常突出。

供给侧结构性改革为什么如此重要？因为中国在过去40年取得巨大经济成就的同时，结构失衡问题也变得非常突出。我国经济的结构失衡包括很多层面，如城乡发展的失衡，东、中、西部发展的失衡，各个产业之间发展的失衡，金融和实体经济发展的失衡，房地产行业和制造业发展的失衡，信贷资源配置的失衡，收入差距和贫富悬殊，等等。

经济结构失衡似乎是一个很抽象的概念，却实实在在地反映在我们每个人的日常生活中。譬如，老百姓最关注的看病难、看病贵、上学难、上学贵，就是经济结构失衡的表现。这究竟是怎么回事呢？据说现在生育率下降的原因之一就是年轻人无法为将来的孩子找到托儿所和幼儿园。虽然我国的很多城市已经高楼林立，但这些楼盘却大多为商品房住宅项目。一方面是商品房过剩，另一方面是教育和医疗设施短缺。这难道不是最突出的经济结构失衡问题吗？我国钢铁行业是产能过剩最严重的行业之一，一方面是低端钢材的产能过剩，另一方面是高端钢材（比如用于制造高端武器装备的钢材）的进口依赖。类似的经济结构失衡问题还有很多。经济结构失衡意味着资源的巨大浪费，大量有效需求得不到满足。所以供给侧结构性改革政策是非常重要的政策。当然，结构调整的过程必将是一个长期的过程。

党的十九大对中国经济大趋势的判断更加系统和深刻，指出中国经济增长的核心将不再是量，而是质，即从高速增长阶段转向高质量发展阶段。这预示着中国经济政策发生了根本性的变化。至少党的十九大报告提出的战略部署是符合中国经济现实的。当然，如何在实际工作中真正贯彻党的十九大报告中所讲的这些战略部署，是一个巨大的挑战。

第 3 节　艰难的长征

2019 年 6 月，我和日本贸易促进会的专家一起讨论经济问题。当话题转向中国经济转型升级时，日本专家很明确地对我说："你们可能还是低估了经济转型升级的困难。和中国相比，日本只是一个小国，日本经济转型升级也用了 30 年时间。而中国是如此庞大的一个经济体，且中国经济的发展非常不平衡，经济转型升级的难度无疑比日本大得多。"

自党的十八大以来，党的最高决策层对中国经济的总体趋势有了更准确的判断。无论你是企业高管，还是普通员工，了解最高决策层对中国经济总体趋势的判断都是非常有必要的。

党的十九大报告形成了一个对中国经济的根本性的战略判断。这个战略判断是中国经济已经从高速增长阶段转向高质量发展阶段，或者也可以说中国经济必须从高速增长阶段转向高质量发展阶段。

> 这个战略判断是中国经济已经从高速增长阶段转向高质量发展阶段，或者也可以说中国经济必须从高速增长阶段转向高质量发展阶段。

这个战略判断的意义是，我们从中央到地方的所有的经济政策都要围绕这个战略判断做出调整。实际上，自党的十九大以来，中国经济政策已经完成了三项根本性的调整。这些调整对企业的经营和百姓的生活有着积极的影响。当然，这些调整所产生的效果不可能立刻且完全显现出来，这个显现的过程是一个长期的过程。

第一项重大政策调整，就是从追求高速增长转向追求高质量发展。

这是2017年党的十九大之后，中国经济政策的一个总要求，也是研判中国经济未来发展的一条主线，其本质就是我国的经济发展方向将从总量扩张转向结构优化。

从世界各国的经济发展历史（特别是后发国家的经

济发展历史）来看，总量扩张比较容易实现。充分利用比较优势、成本优势，就可以实现较快的经济增长，进而实现总量扩张。

但是从总量扩张转向结构优化非常不容易。譬如，如果一个企业追求创新，将旧产品转型升级为新产品，那么这绝不是一件容易的事。怎么转型升级？转型升级要有新的技术，要有新人才的引进，要开拓新的市场，这些都不是容易的事。但是从国家宏观层面上看，这个政策的转变是一项坚定不移的工作，即使我们需要漫长的时间才能真正完成转型升级。

以服装行业为例，中国许多服饰类企业都有替外国品牌加工产品和贴牌生产的业务。譬如耐克、阿迪达斯、ZARA（飒拉）等品牌，都选择在中国加工生产产品。这些加工企业只熟悉来料加工业务，对它们来说，做自己的品牌是完全不同的一件事情。首先，加工企业需要完全不同的营销策略，以及专注此领域的人才。所以，这就是为什么直到今天，真正享誉全球的中国消费类服装品牌仍然很少。服装行业转型升级的关键就是要树立和发展自己的品牌，这与贴牌生产、来料加工根本不在一个层面上。

党的十九大对中国经济大趋势和大战略做出了重大调整和部署。刘鹤副总理在参加2018年年初的世界经济论坛（达沃斯论坛）的时候，就对党的十九大报告的经济政策有一个很精辟的解读："中国的经济政策有一个总要求，就是中国经济已由高速增长阶段转向高质量发展阶段，且今后几年的中国的宏观经济政策、结构政策、改革政策、社会政策都将围绕这个总要求展开。"①

刘鹤副总理对中国经济大趋势的解读引起了海内外的高度重视。从宏观经济政策上来说，这个大趋势意味着想继续通过一些短期刺激政策来刺激速度增长，甚至刺激高速度增长已经不太现实。这就是为什么国家始终强调不能实行"大水漫灌"的货币政策。这个大趋势

① 《刘鹤达沃斯论坛演讲全文：阐述中国经济的顶层设计》，http://finance.sina.com.cn/meeting/2018-01-24/doc-ifyqyuhy6108725.shtml。

对所有行业都有指导意义。以前的投资者在遇到经济下行时，就寄希望于政府的宽松货币政策和信贷刺激政策改善局面。如今，在高质量发展阶段，靠宽松货币政策来刺激经济是很难奏效的。即使我们采取大规模刺激政策，经济也不再会出现高速增长。这就是经济体系的内在逻辑。我在 2015 年有过判断——中国经济会持续下行，不会出现 V 型反转，也不会呈现 L 形态；中国经济的最好状态是未出现断崖式下行，并在平稳下行的过程中真正实现了转型升级。这是由经济体系的内在结构和逻辑决定的。事实上，我们可以通过社会融资、债务增长、信贷增长、货币政策等各项指标，判断出我国这些年采取的是稳健、宽松的财政政策和货币政策。自 2019 年以来，虽然我国的货币政策很宽松，但是 GDP 增速却一直下行。这就说明经济体系的内在结构和内在逻辑不会再发生变化——即使财政政策和货币政策再宽松，也无法刺激经济实现高速增长了。经济不再高速增长的原因当然不是两三句话就能说清楚的，但是中国经济从高速增长转型为中低速增长的趋势已经很明显了，几乎所有的行业都是如此。所以，我们的政策思路和企业家的战略方向都需要做出重大调整。

中国经济别无选择，只能走高质量发展之路。实现经济的高质量发展不能依靠短期的财政政策、货币政策来刺激，而必须依靠研发投入，依靠真正的科技创新，依靠科技和艺术的结合。没有世界一流的技术怎么可能创造出世界级的品牌呢？苹果的巨大成功源于科技和艺术的完美结合。华为的成功也源于持续的科技研发投入。几乎每个行业都遵循着这样的规则。

> 实现经济的高质量发展不能依靠短期的财政政策、货币政策来刺激，而必须依靠研发投入，依靠真正的科技创新，依靠科技和艺术的结合。

当然，中国经济实现高质量发展并不是一件容易的事。因为一些政府官员已习惯于追求速度，所以他们一遇到经济下行，就会想到刺激政策。不过，实行稳健和宽松的财政政策及货币政策也是有必要的，即使它们已经无法刺激经济走向高速增长。我们的注意力、资源、资金、信贷能不能为真正的研发投入、基础科学研究、品牌发展提供支持？这需要思维方式和思想观念的深刻转变，没有思维方式和思想观念的转变，政策转变就不可能取得成功。

与此同时，很多体制机制和制度也需要深刻改革，没有体制机制和制度的深层次变革，经济转型升级就无法取得真正的成功。这难道不是一个划时代的变化吗？谁能够未雨绸缪，率先适应这个变化，谁就能够成为未来的优秀企业。

第二项重大政策调整，就是结构调整政策优先于总量刺激政策。

从 2018 年至今，中国经济政策的主线就是大力推进供给侧结构性改革。

中国经济目前面临的主要矛盾是什么？刘鹤副总理说："从中国的实际出发，经济发展的主要矛盾在于供给体系难以适应需求体系的变化，供求之间存在结构性偏差，需要及时调整。党的十九大提出，我国社会主要矛盾已经转化为人民日益增长的美好生活需要和不平衡不充分的发展之间的矛盾。”[①]

怎么理解呢？譬如现在我们都已解决温饱问题，过上了小康生活，甚至成了中产阶级，那么我们就会对幸福生活有更高的要求，我们需要健康的食品、特效药品和干净的饮用水，需要优质的医疗、教育、文娱、旅游等服务。这些行业都是我国发展缓慢的行业。我们去医院看病时最有体会。专家号不好挂，因为号贩子猖獗；好医院的门诊大厅就像熙熙攘攘的菜市场；好的幼儿园、小学、中学、大学就更加稀缺，有选择的家庭都千方百计送孩子去私立学校、国际学校，甚至送孩子出国。我国何时能够真正解决医疗及教育问题？能够从根本上解决看病难、看病贵、上学难、上学贵的问题？能够真正实现学有所教、病有所医、老有所养？能够真正

① 《刘鹤达沃斯论坛演讲全文：阐述中国经济的顶层设计》，http://finance.sina.com.cn/meeting/2018-01-24/doc-ifyqyuhy6108725.shtml。

实现基本教育和基本医疗完全免费？这些是人们对幸福生活的基本要求，也是经济实现高质量发展、结构调整需要解决的重大问题。

下面我会跟大家具体讨论结构调整。这里先说 2018 年中国经济的第二项重大政策调整，就是结构调整政策优先于总量刺激政策。

什么是总量刺激政策？答案很简单，就是短期的财政政策和货币政策。为了刺激经济增长，我们往往采取最简单的办法——财政刺激、货币放水（实施宽松的货币政策）。所以我曾把中国经济的总量刺激政策的内容概括为“要增长就要搞项目，要搞项目就要放贷款，要放贷款就要松货币”。

在经济增长初期或高速增长期，总量刺激政策是有效的。其中，财政政策的刺激往往更有效、更直接，譬如通过发债融资支持基础设施建设——高铁、高速公路、大桥、地铁等，这是很有效的需求管理政策和总量刺激政策。

> 自 2009 年以来，中国经济政策就是总量刺激政策，而总量刺激政策的核心就是宽松的货币政策和积极的财政政策。

政府通过宽松的财政政策和货币政策刺激经济增长，支持项目投资；再依靠贷款、发债、财政赤字来获得资金投资项目。贷款、发债的实现必然需要宽松的货币政策。人们耳熟能详的凯恩斯主义经济政策大体上就是如此。很多人对凯恩斯主义经济政策持批评态度。然而客观地说，在特定历史时期或特殊经济发展阶段，凯恩斯主义经济政策还是有正面效果的，否则也就不会出现世界各国都热衷实行凯恩斯主义经济政策的现象了，就连美国前总统理查德·尼克松都说过："我们都是凯恩斯主义者了。"

自 2009 年以来，中国经济政策就是总量刺激政策，而总量刺激政策的核心就是宽松的货币政策和积极的财政政策。从历史角度研究近几年的中国经济政策的结论也是一样的——宽松的总量刺激政策，或者说得更直接一点，运用经济学家的术语，就是一种宽松的凯恩斯式的刺激政策。凯恩斯主义经济政策的核心不就是财政刺激吗？况且我国还同时实行宽松的货币政策。

我国的财政刺激体现在哪里呢？它体现在政府的债务（特别是地方政府的债务）急剧增长上。为什么地方政府的债务成了中国经济面临的一个难题？无论是 2017 年的全国金融工作会议、党的十九大，还是 2018 年和 2019 年的政府工作报告，都一再强调要防范和妥善化解政府债务的风险。中央政府要求地方“一把手”为地方政府债务负责，不能“新官不理旧账”。

地方政府的债务规模已经很庞大，好多地方政府的债务规模已经是财政收入规模的 5 倍甚至 10 倍以上。在目前的体制机制下，地方政府的债务规模已经不宜再扩张。从财务角度看，一些地方政府实际上已经面临技术破产。如果国家希望地方政府的债务规模继续增加，就必须调整中央财政和地方财政的财权和事权，实施财税体制的重大改革，并对很多社会政策和国有企业的政策做出重大调整。

债务的快速累积就是过去的总量刺激政策造成的后果，地方政府发债借钱主要是为了支持项目投资。除了地方债务，很多企业的债务也是非常高的，我国企业部门杠杆率已经高达 165%，这在全球都是不多见的。越来越多的企业面临债务压力，甚至破产的压力。我会在后面的关于金融风险的章节中重点分析这个债务问题。

为什么大家要拼命负债？因为拼命负债可以扩张产能。为什么很多产业都出现产能过剩？因为债务扩张和杠杆扩张会导致产能过剩。过去我们的经济政策以总量刺激政策为主，即依靠负债实现经济增长。

打一个比方，国家总在实行总量刺激政策就像一个人一直在吃药，且很难戒掉药瘾。在过去的中国，总量刺激政策比较容易实施。实行松财政、松货币、松信贷、放贷款等政策，总是比实行结构调整政策要容易得多。所以决策者总是会先想到实行总量刺激政策。全世界的决策者皆如此。

实施结构调整政策的困难在于创新，创新当然要比简单的总量扩张难得多。譬如只要投资到位、增加设备，就很容易实现钢铁产能的扩张，但是要研究高质量的特殊钢材、研发出新材料却不容易。因此，结构调整是我国经济面临的一个根本性的困难（也可以说是最大的难题）。中国经济能否真正实现转型升级和高质量发展，就要看结构调整政策和各项改革策略是否能够真正实施下去。中国要鼓励和支持企业坚定不移地走创新发展之路。

实施结构调整政策的困难在于创新，创新当然要比简单的总量扩张难得多。

如果我国想从总量刺激政策转向结构调整政策，不再依赖量的扩张，那么必须解决产能过剩问题。比如钢铁、煤炭以及其他行业仍然有严重的产能过剩的问题。所以，第二项重大政策调整在实际工作中将会遇到重重阻碍。我们到很多地方去调研，发现地方政府的观念并不容易被改变。事实上，并不是中央做了这个战略部署，各地政府就能够马上做出相应的政策调整，执行难的问题一直存在。

第三项重大政策调整，就是金融监管和货币信贷开始决定性转向。

这是很多人已经深刻感觉到的重大政策调整。从2017年全国金融工作会议以后，中国整体的金融政策、金融环境都发生了重大的变化，或者称之为“决定性转向”。在2017年中央经济工作会议以及2018年的“两会”期间，政府工作报告强调了“三大攻坚战”。刘鹤副总理在达沃斯论坛上说：“中国决定打好防范化解重大风险、精准脱贫、污染防治三大攻坚战。”[①]

在中国经济面临的各类风险中，金融风险尤为突出（我会在后面的章节详细讲解）。2017年年末，中国人民银行前行长周小川先生发表重要文章《守住不发生系统性金融风险的底线》。他明确指出：“2016年年末，我国

① 《刘鹤达沃斯论坛演讲全文：阐述中国经济的顶层设计》，http://finance.sina.com.cn/meeting/2018-01-24/doc-ifyqyuhy6108725.shtml。

宏观杠杆率为 247%，其中企业部门杠杆率达到 165%，高于国际警戒线，部分国有企业债务风险突出，‘僵尸企业’市场出清迟缓。一些地方政府也以各类‘名股实债’和购买服务等方式加杠杆。2015 年年中的股市异常波动，以及一些城市出现房地产价格泡沫化，就与场外配资、债券结构化嵌套和房地产信贷过快发展等加杠杆行为直接相关。……债券市场信用违约事件明显增加。”

他还说：“当前和今后一个时期，我国金融领域尚处在风险易发高发期，在国内外多重因素压力下，风险点多面广，呈现隐蔽性、复杂性、突发性、传染性、危害性特点，结构失衡问题突出，违法违规乱象丛生，潜在风险和隐患正在累积，脆弱性明显上升，既要防止‘黑天鹅’事件发生，也要防止‘灰犀牛’风险发生。”

2017—2019 年的实际情况证实了周小川的警告是非常正确和及时的。这几年，我国金融风险频繁爆发，主要表现为 P2P（网络借贷平台）爆雷，债务违约快速增加，银行不良贷款上升，部分商业银行出现困难，越来越多企业无法按时还本付息，股市起伏动荡，股权质押问题始终没有得到根本解决，房地产潜在的风险开始凸显，等等。

> 防范和化解金融风险当然是一项巨大的系统工程，处理不好这个问题就会引发系统性金融风险的爆发和金融危机。

防范和化解金融风险当然是一项巨大的系统工程，处理不好这个问题就会引发系统性金融风险的爆发和金融危机。所以在2019陆家嘴论坛上，刘鹤副总理着重强调，中国必须精准拆弹，防止金融风险跨行业、跨区域传播。要想防范和化解金融风险，就必须对货币政策、信贷政策做出相应调整，这与经济结构调整也是一脉相传的，需要统筹推进。这也是中国金融目前面临的主要压力和挑战。

这一章的内容可能略显枯燥，但实际上这些内容能让大家明白中国经济政策的决定性转向到底体现在哪里。我们只有完全理解政策的大方向之后，才能够理解一些很具体的政策。比如，为什么要收紧货币政策，为什么要调整房地产信贷政策，等等。只有理解了这个大方向，我们才能够很深入地理解和分析一些具体的政策变化。

> 我们确实需要思维方式、思想理念、战略策略的重大调整，否则中国经济的转型升级就不可能得到实质性的推进。

当然，政策调整并不是一项简单的工作。2018 年年末和 2019 年年初，中国经济政策似乎又迎来一次调整——财政政策非常积极，货币政策也很宽松。但是当 2019 年一季度中共中央政治局会议重新强调“调结构”时，中央依然坚持党的十九大已经确立的重大政策方向不动摇。

我认为，在深层分析中国经济的内在变化的前提下，十九大报告所确立的政策调整方向是完全正确的，我们确实需要思维方式、思想理念、战略策略的重大调整，否则中国经济的转型升级就不可能得到实质性的推进。但是说起来容易，做起来难，中国经济的转型升级之路毫无疑问是漫长而艰难的。

第 2 章

如何实现从大到强

第 1 节　如何解决产能过剩

2018 年，我在一个经济论坛上的简短发言被上传到社交媒体上，并得到广泛传播。我只是指出了几个基本的事实：一是中国已经在数百种产品的产量上高居世界第一，可是在全球知名的制造业品牌里，只有华为进入全球著名品牌 100 强；二是与美国相比，中国主要的短板是软件；三是与欧洲国家和日本相比，中国主要的短板是高精尖技术。

几年前，国务院领导在中国发展高层论坛上就明确指出中国经济大而不强。

从 2010 年起，中国成为世界第二大经济体、世界最大出口国。同时，中国的制造业规模也位居世界第一。国人为之兴奋和自豪。然而，我们必须保持头脑清醒，对中国经济的现状有一个清晰的认识——尽管我们在产品产量上高居世界第一，可是在绝大多数核心技术和关键设备上，我们依然严重依赖进口，与欧洲国家、美国、日本之间的差距依然是巨大的。

我们只有下决心转变增长方式和发展模式，实现经济转型升级，才能解决中国经济大而不强的突出问题。

我们只有下决心转变增长方式和发展模式，实现经济转型升级，才能解决中国经济大而不强的突出问题。

中国经济政策的制定基于对中国经济历史发展过程和发展阶段的一个最基本的判断，即经过 40 年的改革开放和高速增长（特别是过去 20 多年的高速增长），中国经济已实现第一次历史性跨越。同时，这也意味着在绝大多数制造业领域中，中国经济已经面临比较严重的产能过剩问题。在很大程度上，中国经济已经从过去的短缺经济转向了如今的过剩经济。这种过剩不是高水平产能和产量的过剩，而是低水平产能和产量的过剩。

严重的产能过剩伴随着严重的结构失衡。当然，并不是所有行业都出现了产能过剩，还有一些行业的产能严重不足。

这就是今天中国经济面临的最大麻烦：一方面，一些行业出现产能严重过剩，相关企业利润微薄；另一方面，一些行业的产能严重不足，还远远满足不了老百姓的需求。

哪些行业出现了产能过剩呢？主要是制造业中的一些行业，特别是中低端制造业。譬如钢铁、煤炭、电解铝、汽车、电子、造船、光伏等行业，都存在不同程度的产能过剩。最典型的产能过剩行业是钢铁行业。前几年，坊间流传这样一个说法。问：“全世界钢铁产能的排名是什么？”答：“中国第一、河北第二、唐山第三。”确实如此。据不完全统计，中国钢铁产能曾经超过 12 亿吨（其实全世界每年的钢铁需求量也不过 14 亿吨），所以产能过剩造成前几年钢铁行业全行业亏损的局面（最近几年，国家要求调结构、去产能，有些钢铁企业的利润还不错）。

凡是那些产量高居世界第一的行业，都存在一定程度的产能过剩，如汽车、电子、造船、光伏等。这就是前几年国家要求各地政府必须下决心去产能的原因。

此外，某些地方的房地产行业也存在产能过剩的问题。我们每到一个城市，就可以看到很多房子，并且这些商品房的销售情况并不理想，所以前几年，国家也要求房地产行业去库存。

除了产能过剩的问题，哪些行业存在发展滞后的问题呢？就是我们前面已经提到的那些关系民生的行业，如教育、医疗、公共服务、文娱、旅游、科技等，这些都是发展滞后的行业。

产能过剩必然伴随着结构失衡。

所以，产能过剩必然伴随着结构失衡。结构失衡反映的是资源配置的失衡，造成失衡的原因是经济的增长方式、发展模式都存在问题，且国家治理体系也存在制度缺陷。譬如中国的公共服务资源（尤其是教育、医疗资源）主要集中在“权力”大的城市。权力越大的城市，公共服务资源就越多，质量就越好；权力越小的城市，公共服务资源就越少，质量就越差。这就是有能力的年轻人都想留在大城市工作和生活的原因，也是“大城市病”产生的根源。

观察中国经济，我们不能只看北京、上海、广州、深圳、杭州这些大城市，我们应该去中小城市看看，去广大农村看看。农村经济发展滞后，农村没有基础医疗和教育设施，没有文化娱乐公共设施，没有体育设施，没有良好的公共服务。可以说，即使在很多城市，优质的医疗和教育资源也是稀缺资源，更别提农村的情况了。看病难、看病贵、上学难、上学贵，这些都是老百姓面临的难题。

一方面是行业产能过剩，另一方面是行业发展滞后。

一方面是行业产能过剩，另一方面是行业发展滞后。这就是中国经济结构失衡，发展不平衡、不充分的表现。这也是党的十九大后，最高决策层下决心希望解决的问题。我简要总结了中国经济发展的不平衡和不充分。

最突出的不平衡发展表现在 6 个方面。

1. 经济结构失衡

2. 区域发展失衡

3. 城乡发展失衡

4. 贫富悬殊和收入差距

5. 能源结构严重失衡

6. 经济增长与环境保护以及污染治理之间的矛盾

最突出的不充分发展表现在 10 个方面。

1. 还未掌控处于产业制高点的核心技术（如软件、芯片、操作系统）

2. 还未掌控有“产业命脉”之称的高精尖技术

（如汽车、飞机发动机和精细化加工）

3. 无法影响世界产业方向、实现世界产业和技术规则的最新科技突破

4. 还未打造出引领世界时尚潮流的消费品牌

5. 无法占领处于全球金融制高点的金融中心和金融企业

6. 还未建立高质量教育体系（包括幼儿园、小学、中学和大学）

7. 还未建立高质量医疗服务和保健体系

8. 还未实现农业和农村的高质量发展

9. 缺乏高质量的旅游度假休闲胜地和主题公园

10. 还未实现深层次的绿色发展和可持续发展

上述中国经济发展的不平衡和不充分的表现概括了中国经济面临的所有问题。

回到“如何解决产能过剩”的问题。我们需要辩证地看待产能过剩的问题。一方面，产能过剩是严重的资

源浪费；另一方面，产能过剩又是市场经济的一个必然结果。很多市场经济国家都出现过产能过剩的问题，因为产能过剩是市场经济的一个必然规律。

在资本主义经济体系或市场经济体系发展的初期，马克思对资本主义经济体系提出的主要批评就是生产相对过剩，也就是产能过剩。马克思及其追随者认为，产能过剩的根源在于资本主义经济或者市场经济的无序生产，所以他们提出的解决办法就是计划经济，他们认为计划经济可以实现按需生产，这样就不会有产能过剩或者盲目生产的现象出现。然而，很多国家在实行计划经济之后，由产能过剩转变为产能不足。从这个意义上说，产能过剩是国家实行市场经济之后必须付出的一个代价。虽然我们需要仔细探讨如何减少产能过剩，进而减少资源浪费，但是在市场经济条件下，要完全解决产能过剩问题是不可能的。因为市场需求总是处于变化之中，且企业家总是有持续扩张生产规模、追求更大规模收入和利润的冲动。

我在这里先给大家举两个例子，说明其他市场经济国家如何解决产能过剩问题。

先以美国为例。美国经济曾在 19 世纪出现了高速增长。按照经济学家的研究结果，南北战争结束后，美国的经济增长速度有几十年时间都保持在 6% 以上，这在当时是独一无二的增长速度，所以当时全世界最伟大的企业都在美国，如美国钢铁、通用电气、通用汽车、杜邦等，当时美国的工业生产能力也是全世界独一无二的。这也是为什么一战、二战接连爆发后，欧洲国家选择从美国购买工业产品和军火，因为美国的工业生产能力实在是太强大了。

19 世纪 60 年代至 20 世纪 20 年代，美国经济经历了快速增长，且这种增长持续了五六十年。当时美国的很多产业出现了严重的产能过剩。为什么会出现产能过剩？按照马克思的说法，是因为资本主义生产方式必然会导致产能过剩。资本主义生产方式意味着需求和供给总是不能实现平衡。资本主义生产决定了供给，老百姓的消费决定了需求。老百姓属于工人阶级，受资本家剥削，他们的收入总是低于劳动所得。结果就是总需求总是小于总供给，进而导致产能过剩。

马克思的这套理论当然也能说明一些问题，但是如果我们更深层次地分析原因，就会明白市场化的生产方式必然会导致产能过剩。由于市场需求始终处于变化之中，且企业家总是有提升产能、增加生产、扩大规模的愿望，因此供给和需求很难做到均衡。经济学里有一个著名的萨伊定律：供给自动创造需求。这是一个经典的理想化的假设，实际情况并非如此。供给和需求的非均衡才是常态。这也是为什么美国在20世纪20年代出现严重的产能过剩。

1929年，华尔街股市崩盘，美国爆发史无前例的金融危机，长时间陷入经济衰退，人们称之为“20世纪30年代的大萧条”。从生产层面上说，经济大萧条就意味着产能相对过剩，需求严重萎缩。虽然产能还在，企业却无法启动生产，被迫倒闭。如何解决产能过剩的问题呢？就连美国政府也没想出一个特别有效的解决办法。罗斯福上台后，美国实施著名的新政，即采取凯恩斯主义经济政策，进行大规模的基础设施投资。罗斯福推行新政时，约翰·梅纳德·凯恩斯的《就业、利息和货币通论》还没有出版，所以罗斯福并不是受到凯恩斯的启发才实施新政的。罗斯福新政对美国经济产生了一定效果。但美国真正摆脱大萧条、解决产能过剩问题是在二战爆发之后。二战爆发后，美国的过剩产能立刻得到了消化，因为打仗需要大量军火，美国成为欧洲国家最合适的军火供给方。产能过剩的问题不仅解决了，还刺激了美国生产的飞速扩张。

通用汽车在大萧条期间，曾经大量裁员，且这种局面维持了很长时间。二战爆发后，通用汽车转向生产坦克和装甲车。生意火爆到没有足够的工人和设备完成生产。以前这些汽车厂是不招收女工的，二战期间不仅大量招收女工，甚至把大量妓女紧急招到生产车间，临时培训几天就让她们负责装配工作——装配坦克和装甲车等。二战彻底解决了美国的产能过剩问题。

做企业的人都知道，如果一个企业有庞大的产能却无法自行消化，那么企业马上就会面临经营的困境——不仅收入和利润下降，企业还需要大量解雇员工，甚至连企业本身也可能被兼并收购，或者破产倒闭。所以对于企业来说，经历经济发展过程中的产能过剩周期是非常痛苦的。

产能过剩是由市场经济本身的运行特征决定的。每个企业都有扩张的欲望，每个企业都希望每年的利润增幅为20%、30%、40%，或者更高，每个企业都希望成为市场的垄断者。就像中国的钢铁企业，前些年，每个钢铁企业都喊出口号“要成为世界级的钢铁企业”，甚至“要成为世界第一”。这让每个省都制定了很多远大的目标，大家互相竞争，你追我赶，这必然造成产能过剩。

如果我们研究美国的经济史，就会发现除了前面提到的因世界大战的需求扩张而消化过剩产能的办法，还有一个消化过剩产能的办法就是兼并收购。美国许多商业巨子（包括约翰·洛克菲勒、杰米·戴蒙、亨利·福特、安德鲁·卡内基等）都曾采用兼并收购的办法来消化过剩产能。当时，他们甚至采取非常暴力、非常卑劣的手段，逼停或收购小厂。这是比较粗暴的、野蛮的方式，是市场化手段和非市场化手段相结合的方式。

再看看日本。我在前面提到，日本经济在 20 世纪五六十年代经历了高速增长。日本的各个行业实现了迅猛扩张，电子、造船、汽车、家电等行业成为世界第一。日本行业的迅猛扩张，让美国人都感到害怕。哈佛大学商学院已故教授小艾尔弗雷德·D. 钱德勒（他是全世界首屈一指的企业史专家）曾经写过一本书，就是讲日本是如何把美国的家电行业彻底打垮的，这本书是《发明电子世纪》。在 20 世纪初期，美国率先进入家电行业，而在 20 世纪五六十年代，以索尼为代表的日本家电企业（如索尼、松下、东芝等）彻底将美国家电企业打败。日本在汽车行业的表现也很优秀，即使汽车是由美国人和德国人发明的，也不妨碍日本人制造的汽车席卷全球市场。

20 世纪 70 年代的日本也开始出现产能过剩。日本当时是如何应对的呢？一方面，日本下决心实现经济转型，特别是石油危机以后，日本企业感受到了成本上升的巨大压力。在 1970 年之前，油价非常低，每桶不过三四美元。在爆发了几次石油危机之后，油价在几年之内翻了几番，涨到每桶 12 美元。虽然在今天看来，12 美元简直就不值一提，但是在当年，它引发了一个巨大的世界性的危机。出现石油危机以后，日本企业的生产成本大幅上涨，日本经济被迫转型。

日本在 20 世纪七八十年代的经济转型经验值得我们借鉴，因为当时的日本经济和今天的中国经济有点儿像。比如，我刚才提到的日本油价大幅上涨的情况。因为日本是严重依赖能源进口的国家，所以如果外部的原油价格飙涨，那么日本整体的工业价格或成本就会大幅上涨；此外，人工、土地等成本也会大幅上涨。今天的中国也一样，所有成本都开始大幅上涨，不仅能源成本、环境成本、资源成本大幅上涨，土地成本和人工成本也大幅上涨。著名企业家、福耀玻璃董事长曹德旺详细比较了中美两国制造业的成本，他发现美国除了人工成本高于中国之外，其他成本都低于中国，而且低很多。2019 年的热播纪录片《美国工厂》就讲述了福耀在美国开厂的故事。

中国经济被迫转型与当年日本经济被迫转型如出一辙。我以美国、日本的产能过剩和经济转型为例，就是想说明经济发展有它内在的规律，它不以人的意志为转移，每个国家的经济在发展到一定时期之后，都必然要经历转型。当然，能否转型成功或者多久才能转型成功，取决于国家是否能够及时推行政策和制度改革，也取决于企业家的思想观念是否能够及时转变。当然，这其中也有运气的因素。

正如党的十九大提出“我国经济已由高速增长阶段转向高质量发展阶段”，我们迫切需要解决产能过剩和结构失衡的问题。

那么日本在20世纪70年代至80年代是如何完成经济转型的呢？

第一，努力降低成本。索尼创始人盛田昭夫在回忆录《日本制造》中提及，当时日本企业普遍感受到了巨大的成本上升的压力和产能过剩的压力。很多过去很赚钱的企业，后来不仅不能赚钱，而且出现巨额亏损。为了降低成本，当时的日本企业家达成一个共识——必须重新设计日本产品，以降低成本和原材料的消耗。

盛田昭夫用四个字准确地概括日本的转型策略，叫“轻薄短小”。日本的产品是不是都满足这几个特点？“轻薄短小”确实是当时日本的一个基本的经济结构调整策略。

中国能否参考日本的“轻薄短小”策略来降低成本呢？我们似乎还没有形成特别行之有效的转型升级策略。

第二，大规模向外转移生产。美国借助二战消化了自己的过剩产能，而当日本出现过剩产能时，中国正推行改革开放。中国自 1978 年改革开放以来，日本产品如潮水般涌入中国。对那时的中国人而言，购买日本产品（如电视机、照相机、汽车等）是一件极其奢侈的事。而且不仅日本产品畅销中国，日本企业也开始在中国大规模地设厂生产。所以，日本之所以能实现转型升级是因为中国正推行改革开放。

现在，中国经济已由过去的短缺经济转变为如今的过剩经济，很多行业出现了产能过剩，我们应该怎么办呢？“一带一路”倡议中的一个重要内容就是国际产能合作——通过“一带一路”倡议消化中国的过剩产能。除此之外，我国必须不断开拓国内市场。

第2节　何为“双引擎驱动”

总结世界各国经济转型成功的经验之后，我们会发现像德国、瑞士、荷兰、法国这些欧洲国家，它们大体上都走上了精益求精的高精尖制造之路，如德国工业4.0战略。而美国、英国和以色列都走上了原创性技术创新之路，以硅谷为典型代表。那么中国应该如何走未来的经济转型之路？正确的选择是既要走高精尖制造之路，又要走原创性技术创新之路。

> 中国经济目前面临的一个特别严重的问题就是产能过剩与结构失衡并存。

中国经济目前面临的一个特别严重的问题就是产能过剩与结构失衡并存。一方面是我们的很多行业（特别是制造业）依然存在严重的产能过剩，且处于这些行业的企业因打价格战而利润微薄。2016年以后，去产能、去库存取得一定成果，但仍然存在一些问题。另一方面是许多行业发展滞后，尤其是教育、医疗、“三农”、基础研究、高端制造、核心科技、文化娱乐、公共服务等。

如何消化过剩产能？我在上一节提到，全球有很多国家（包括美国、英国、德国、法国、日本）都出现过类似的产能过剩问题。

我国需要通过经济转型升级解决产能过剩与结构失衡并存的问题，需要助推制造业快速迈向中高端，使之成为以科技创新为核心推动力量、以产品品质为主要拓展方向的高精尖、高附加值行业。同时，我国需要将资源更多地配置到基础科学研究、教育、医疗、“三农”等领域中，因为只有这样，才能实现高质量发展和经济结构的均衡。

20世纪七八十年代，日本的很多行业（包括汽车、造船、家电等）都出现了产能过剩。特别是20世纪70年代的石油危机之后，日本制造业的成本迅猛上涨。盛田昭夫说：“当时的日本企业家都认为，日本企业必须改变生产模式和产品结构。”所以，如前所述，他们提出了“轻薄短小”的策略，这一策略主要是为了降低成本和能耗。

今天，中国经济同样面临转型升级，原因是各种成本（如土地、环境、人工、资源）均大幅上涨，已无法继续走低端加工制造业的路了。前几年，国际投资银行发布了详细的成本研究报告，直指中国制造业的成本已经逼近发达国家，某些成本（譬如土地成本和综合税费）已经高于美国。

所以，我们看到过去在中国设厂生产的一些外国企业，也开始从中国撤离，并转向其他成本更低的地区进行生产，如越南等东南亚地区。很多人认为这不是一个好现象，其实我们完全没必要这么认为。因为这是世界产业转型的一个必然趋势，我们需要找到合理的办法让中国在过去 40 年形成的生产能力（当然也包括过剩产能）不再成为中国经济的负担，而是成为面向未来转型升级的一个坚实的基础。这就需要新的战略、思维和政策帮助我们全面深化改革。

学习日本、德国和美国的经验：努力降低成本，矢志科技创新

中国应该好好学习日本、德国和美国在经济转型升级方面的先进经验。

20 世纪 70 年代，日本制造业迅猛崛起，给德国制造业带来了相当大的挑战。德国除了面临外部竞争压力之外，也遇到了人工成本上升的重大挑战。欧洲的环保要求不断提高，特别是欧盟还制定了特别严格的环保标准，并得到了世界公认。德国制造业应对环保挑战的经验非常值得我们借鉴和学习。

日本的应对策略就是努力让产品具备“轻薄短小”的特征，这是整个日本制造业的一场重大革命。这场革命的核心就是降低成本、改进产品设计、让产品的生产工艺更加精细，大幅降低能耗。

日本通过转型升级让所有产品都具备了“轻薄短小”的特征，汽车、电视机、照相机无一例外。例如，日本汽车非常省油、故障率低。华为创始人任正非曾说：“我们对日本产品最大的抱怨是‘总是用不坏’！”

20 世纪八九十年代，日本经历了泡沫经济的洗礼。这之后，日本人沉下心来，矢志科技创新和高精尖制造。因此，如今的日本经济在很大程度上已经是一个非常成熟的经济。

这意味着日本政府不再单纯追求经济高速增长。日本企业也不再单纯追求每年的收入增长和利润增长。它们追求高质量、先进技术、人性化设计。

日本经济转型的道路经过了几个阶段：第一个阶段就是努力降低成本，让企业生存下来；第二个阶段就是沉下心来，在最核心、最前沿的科技研究上下功夫，让日本企业能够在世界市场上展现独到的一面；第三个阶段就是将大量资金投入基础科学研究。大家要注意，现在日本获得的诺贝尔奖的数量已经仅次于美国。自 2000 年以来，日本每年都有科学家获得诺贝尔物理学奖、诺贝尔化学奖和诺贝尔生理学或医学奖，这说明日本在基础科学研究方面取得了重大突破。与基础科学有关的重大发现必然转化为行业竞争力。所以我们不能小觑日本，要高度重视日本的经济转型经验。

从某种意义上说，德国也采取了这样的转型升级战略。德国当然有其独特优势——历史悠久的制造业，精益求精的企业文化，高度重视工程师教育的传统。此外，德国人的工匠精神让子承父业的传统观念深入人心，很多家庭成员都是世世代代为一个工厂工作，为一个行业工作，并专注于某一个具体环节的工作。这种独特的工作荣誉感让他们对工作倾注了大量的心血。这就是德国制造在全世界屹立不倒的根本原因。

新工业革命开始以后，德国迅速提出了“德国工业4.0”战略。德国工业4.0的核心是借助每个环节、每个层面、每个领域的最精细、最前沿的科技创新的力量，让德国制造的产品永远站在世界的最前列。因为只有产品站在世界的最前列，处于行业的最高端，才能使生产产品的企业获取超额利润，才能不断提升人们的收入水平（德国人的收入水平本来已经非常高了）。那么，如何提高德国人的生活水平？答案是依靠科技创新和最好的产品来获取超额利润。总之，德国工业 4.0 的核心就是智能制造，包括 3D 打印、新材料、人工智能的运用、大数据的运用等。德国在高精尖制造技术方面的优势是很明显的。

有些中国企业家比较悲观，他们认为中国制造业或许永远无法赶超德国制造业，除非工匠精神在中国人心中生根、开花、结果。

从日本和德国经济转型的经验来看，经济转型只有两条路。第一条路是努力降低成本。但我国企业无法降低人工成本、要素成本和环境成本，且环境成本还在上升。因此，我国企业只能降低能源的消耗——用更少的原材料来生产更好的产品，提高产品的附加值。第二条路是不断增强科技创新能力。以科技创新来应对成本上升，获取超额利润。

美国的经济转型也经历过类似的过程，不过美国的经济转型过程与日本、德国有所不同。20 世纪 60 年代，美国的工业增加值持续下降，空心化严重，以制造业为中心的物质生产和资本被大量、迅速地转移到了海外。比如美国以前在很多领域（如造船、汽车、钢铁等）处于优势地位，后来这种地位逐渐被日本、德国、韩国等国家取代了。

那么美国是如何实现经济转型的呢?

美国依靠科技创新实现了经济转型。当然，只有一部分地区（如加利福尼亚、纽约、马萨诸塞、北卡罗来纳等）实现了这样的转型，且主要是以硅谷为代表的加利福尼亚州。除此以外，美国的服务业和军工业都具备很强的国际竞争力。所以美国的经济转型采取了与日本、德国不一样的策略。

我们需要综合考虑这些国家的经验，并适当借鉴。

中国作为一个庞大的制造业国家，采取单一的办法是无法实现转型升级的。

我们去企业调研，针对不同的行业、不同的企业、不同的地区，确实需要采取不同的策略。可能在相当长的时期内，东北地区、西北地区，以及其他经济欠发达地区，仍然需要依靠传统制造业发展经济，需要承接珠三角、长三角等沿海地区的制造业转移。对这些经济欠发达地区而言，这可能是解决就业、促进其地区经济增长的一个行之有效的办法。

前些年，重庆、成都在承接产业转移方面做了大量的工作，并取得很好的成效。而对于深圳、广州、杭州、上海等城市来说，传统制造业已经很难在当地得到大力发展，原因就是成本太高。因此，我国的沿海地区也许需要走美国的路子，其他地区也许需要走德国、日本的路子。我们既要走高精尖制造之路，又要走原创性技术创新之路。

以上就是日本、德国、美国经济转型的典型特点，这些国家在推行经济转型工作的过程中运用了多种方法，而不是单一的方法。

党的十九大提出“我国经济已由高速增长阶段转向高质量发展阶段”，无论从国家战略层面上看，还是从每个企业具体的经营战略层面上看，我们都能从这些国家的转型升级经验中获得很好的启发。

如今，深圳、杭州已成为全中国乃至全世界非常著名的科技创新中心。对于珠三角、长三角等沿海地区来说，它们很有可能成为未来的原创性技术创新基地。所以我们需要采取综合性的办法来应对传统制造业的产能过剩以及经济的转型升级。

党的十九大以及十九大以前的多次中央经济工作会议始终强调，解决产能过剩问题，矢志推进“三去一降一补”的供给侧结构性改革和“双引擎驱动”。

因此，双引擎驱动一方面是指传统制造业的转型升级，另一方面是指全力促进新兴行业的快速发展。

新引擎

随着成本结构的改变，各种成本快速上升，传统行业必然会逐渐丧失国际竞争力。当日本、德国、美国出现制造业成本急剧上升的情况时，它们的基本转型办法主要有三种：一是将传统行业向海外转移，向成本低的地区和国家转移；二是利用新科技，实现传统行业的升级换代；三是重视基础科学研究，全力提升科技创新能力。

日本和德国采用了第一种办法和第二种办法，美国则采用了第一种办法和第三种办法。因此，大多数高污染产业、高成本或低附加值产业都被转移到了发展中国家。

从某种意义上讲，中国改革开放以来的经济快速增长得益于这种产业转移。中国在产业转移的过程中充分发挥了后发优势——低人工成本、低要素成本、低环境成本等，它们对中国经济发展非常重要。

所以，我国迅猛成为世界制造业大国与全球产业转移有极大关系。我国充分利用自身优势，引进外资企业，并做来料加工，创造了40年的经济奇迹。

然而，我们现在走到了一个真正的历史转折点——低成本优势基本上消失了。如今，外资企业在中国设厂的综合成本（土地、资源、环境、人工等）已经高于几乎所有发展中国家，甚至高于美国等发达国家。曹德旺多次提及他在美国设厂的综合成本已经低于中国。中国台湾鸿海集团前董事长郭台铭之所以选择在美国设厂，也是因为在美国设厂的成本已低于在中国设厂的成本。

这是中国经济正在面对的历史性挑战。各项成本大幅度上涨，传统制造型企业很难生存，几乎无法获取利润。同时，我国的高精尖技术还不够成熟，无法发展相关产业。我国经济学家周其仁曾说："中国经济正面临'前有堵截，后有追兵'的处境。"他讲得很形象，事实的确如此。

当然，中国的产业不一定都需要向其他发展中国家转移。我们需要针对不同的行业、不同的企业、不同的地区采取不同的策略。因为中国是一个经济社会发展极不平衡的国家。中国既有最先进、最具创新能力的城市，也有非常落后的城市。所以，有些城市可以继续承接沿海地区转移来的传统制造业，而有些城市的传统产业则需要转型升级。

实际上，对于很多企业家来说，转型升级就意味着果断放弃，将资源重新配置到新的行业中去。

> 中国是一个经济社会发展极不平衡的国家。

什么是放弃？譬如造船、汽车、钢铁、电解铝等行业已经很难实现增长了（无论是国内市场还是海外市场），于是来自这些行业的企业家通过整合资源，再将资源投入新兴行业。这就是传统制造业转型升级的另一种方式。并购基金和产业引导基金的引入，加快了产业“新陈代谢”。

约瑟夫·熊彼特也曾提出“创造性毁灭”的概念。熊彼特是奥地利著名经济学家，长期在美国哈佛大学任教。熊彼特认为，资本主义经济的发展过程就是创造性毁灭的过程。

汽车必然会取代马车，石油行业、电力行业也必然会取代很多传统行业。现在的电商平台已经取代了很多传统商家的实体店。人工智能、机器人、大数据、5G的问世，必然会冲击传统行业。大多数传统行业都会被新兴行业替代。所以这是一个必然趋势，是一个创造性毁灭的过程。恰似长江后浪推前浪，一浪高过一浪。

> 经济转型升级更要全力提升科技创新能力。

我相信企业家要比经济学家敏感得多。其实他们已经在很多方面做好了准备，比如来自钢铁、造船、电力行业的企业家，尤其是民营企业家，他们早已将资金从传统行业中退出，投向了新兴行业。

此外，经济转型升级更要全力提升科技创新能力。

这就是中央和国务院提出以“双引擎”驱动经济转型升级的原因。双引擎驱动（战略性新兴行业和传统制造业并驾齐驱）需要保证传统制造业这个引擎不能熄火，且能不断实现升级换代。虽然美国经济转型升级持续了这么多年，但它的传统制造业并没有完全消失。日本和德国的传统制造业也依然是国民经济的重要支柱。

所以我们必须清楚地认识到，制造业也将是中国经济的重要支柱。我们要不断改造传统引擎，让它升级换代，永远富有活力。如果我们只重视服务业和金融业的经济转型升级，那么这种做法必然是非常危险的。中国的经济支柱必须是不断升级换代的制造业和高科技产业，

我们要不断改造传统引擎，让它升级换代，永远富有活力。如果我们只重视服务业和金融业的经济转型升级，那么这种做法必然是非常危险的。中国的经济支柱必须是不断升级换代的制造业和高科技产业，而不是服务业和金融业。

而不是服务业和金融业（虽然服务业和金融业也非常重要）。

与此同时，我们还需要发展或者启动新引擎（当然我们早已启动了这个新引擎）。在全球新兴行业中，中国已经涌现出一些世界级的企业，包括华为、阿里巴巴、京东、百度等。这些企业实际上已经走在世界新兴行业的前列。在移动互联网、工业互联网、人工智能、增强智能、机器人等众多领域，中国企业正在大踏步前进。

这个新引擎就是新工业革命。新工业革命的主要特征是各种技术的跨界融合。

- 移动互联网和工业互联网。
- 人工智能和增强智能。
- 大数据和云计算。
- 机器人。
- 3D 打印技术和定制制造。

- 高精尖的加工技术，包括对飞机、发动机、机床切削设备的加工。
- 新材料。
- 新能源。
- 新能源汽车，包括无人驾驶汽车。
- 金融科技技术。
- 以基因测序、基因编辑、基因诊断为核心的生物科技技术。
- 可植入技术、可穿戴设备、虚拟现实、增强现实等新一代的智能终端。
- 智能家庭和数字化家庭，包括智能家居。
- 智慧城市。
- 脑科学，神经科学（世界科学领域中的热门话题）。
- 定制人类（研究未来的生物科技是否能让人延年益寿）。

2016 年，美国《时代周刊》的一篇封面文章提到，硅谷有一群科技疯子，他们号称基因技术可以让人活到150岁。这篇文章的配图是一个刚刚出生的婴儿的照片，且题目为《能够活到150岁的人已经诞生了》。

也有人将新工业革命称为“新科技革命”和“第三次工业革命”。美国的著名学者、未来学家杰里米·里夫金，在过去几十年写过很多畅销书。他最早写的一本书的内容是关于如何从熵的角度来看待这个世界。他还写过很多关于产业和经济方面的书，其中的一本书是《第三次工业革命》[①]。还有一个英国人也写了一本书——《新工业革命》。达沃斯论坛的主席克劳斯·施瓦布也出版了他的第一本书《第四次工业革命》[②]。随后，市面上还出现了《第五次工业革命》《人工智能革命》等书籍。

不论是《第三次工业革命》《新工业革命》《第四次工业革命》，还是《第五次工业革命》，内容均涉及我上面提到的各种技术。

① 这本书的简体中文版已由中信出版集团出版。——编者注

② 这本书的简体中文版已由中信出版集团出版。——编者注

我们必须清楚，中国未来经济增长的新引擎还不够强大。我们现在需要对全球经济和科技形势，以及每个行业、企业做一个详细的评估。只有这样做，我们才能知道新引擎的弱势所在，才能制定出一个比较好的新产业和新科技发展的策略。

第3章

创新决定未来

第 1 节　我们与世界的差距

前不久我读到管理专家王育琨的一篇文章，其中有一段他与任正非谈论稻盛和夫的对话。

> 我说："今天中国兴起了学稻盛哲学热，有些企业家想让员工学习稻盛哲学，改变工作态度，激发潜能多干活，少要报酬。人们过多关注稻盛的工具和术，而没能深刻反省他厚重的'无名之朴'。人们没有去反思，为什么一个制作精密陶瓷的人，可以创造拥有三家世界 500 强企业的奇迹……"
>
> 任正非立刻打断我的话："王老师，你不了解稻盛和夫！"
>
> 我微笑着说："任总，我哪里错了？"
>
> 任正非说："你说'一个制作精密陶瓷的人'，这种说法太过轻淡！稻盛做的精密陶瓷，是氮化

镓，是电子陶瓷等功能陶瓷，以后精密医疗器械和电子网络的核心部件都会是陶瓷。而在全球陶瓷中，京瓷做得最好。京瓷已在引领一场实实在在的新材料革命，将极大地推动通信业和互联网的发展。他们几十年如一日地精进，做到了全球第一，我们只有追随的份儿。华为拥有全球一流的数学家，但他们拥有全球一流的化学家和物理学家。我们赶不上他们！”

说实话，我读到王育琨的这段文字，同样深受震撼。不久后，我见到了任正非，他再次提到稻盛和夫引领的新材料革命，强调基础科学对提升产业竞争力的重要性。任正非的思考和洞见对我们理解中国经济正面临的挑战和未来转型升级的核心很有帮助。

我在前面提到，中国经济必须努力实现双引擎驱动，持之以恒，创新发展。传统制造业的经济引擎需要转型升级，需要引入新的动力。更重要的是，我们必须全力发展新引擎，推动经济实现创新驱动发展。

如何打造新引擎？如何实现创新驱动发展？这不是一件小事。因为它关乎国家发展战略、思维理念、政策方针、体制机制的根本转变。我们要对现在的世界经济形势和我们所面临的经济局面有清醒的认识，要对全球经济和科技发展的最新态势、最新格局有清晰的认识，不能故步自封，妄自尊大。

> 我们必须全力发展新引擎，推动经济实现创新驱动发展。

中国企业界人士、学界人士、政界人士（特别是政府决策者）需要冷静下来，客观分析形势，认真剖析自己，明确中国在经济、产业和科技方面与其他国家（特别是德国、美国、日本、以色列）的差距究竟有多大。这种对形势的准确把握，不能靠道听途说，更不能靠猜想和臆测，要靠脚踏实地地深入研究，以及采纳科学家和企业家的建议。

核心技术的对外依存度依然很高

尽管经过40年的发展，我国的整体科技水平与发达国家科技水平之间的差距可能确实在缩小。然而，从绝大多数企业家和科学家的言论中，我们还是应该意识到，我国的整体科技水平与发达国家科技水平之间的差距依然很大。2019年5月21日，任正非接受了全国多家媒体的联合采访，他认为，我国与美国在科技方面的差距依然很大，美国在科技上的深度和广度值得我们学习。任正非曾经在多个场合反复强调这个基本判断，而且始终谆谆告诫华为员工，要虚心向美国学习。任正非的肺腑之言值得我们高度重视。

根据权威部门的数据，我国在经济和产业中运用的核心技术的对外依存度依然很高，且高达50%~60%（实际可能更高）。虽然如今世界经济高度融合，形成了世界产业链，每个国家都不可能掌握所有核心技术，但如果一个国家的核心技术的对外依存度太高，这个国家就会陷入被动。

一般来讲，一个国家的核心技术的对外依存度的比例应该低于 30%，大国经济尤其应该如此，否则就可能在面临重大危机和冲突的时候，被其他国家遏制、围堵、卡脖子。

全球经济和产业格局已经发生巨大变化，全球化已经让各国经济、产业和科技高度融合，你中有我，我中有你，谁也离不开谁。然而，如果哪个国家掌握的核心技术最多或比较多，那么其在全球竞争中就会处于优势地位，获取超额利润，甚至在涉及国家安全的关键领域处于主导地位。

> 谁掌握核心技术，谁就占领了产业制高点，谁就可以获取超额利润。

国与国之间的竞争，企业与企业之间的竞争，在任何时候都是异常激烈的。谁掌握核心技术，谁就占领了产业制高点，谁就可以获取超额利润。

中国未来要发展推动经济增长的新引擎，就要全力发展核心技术。我国的核心技术和专利有70%依靠外来技术和专利，目前还没有能够引领全球产业方向的核心技术。在这方面，我们可以举出很多例子。

譬如信息科技领域最核心的技术（包括芯片技术、软件技术、算法技术、操作系统技术等）基本都掌握在以美国为首的发达国家手中。全球操作系统主要有三个：微软操作系统、安卓操作系统、苹果操作系统。计算机操作系统和人工智能底层技术基本上由美国科学家掌握。高端软件基本上被微软、甲骨文、亚马逊等企业垄断。工业设计软件基本上被美国企业垄断。

尽管我国涌现出了像腾讯、阿里巴巴、百度等市值很大的互联网企业（这些企业的市值达到数千亿美元），然而客观地说，它们的成功并非是因为它们研发出了全球领先的前沿技术，而是它们充分利用了中国庞大的用户群，它们制胜的魔方不是核心科技，而是商业模式。

百度的核心技术和研发成就根本无法与谷歌相提并

论。业界认为，谷歌在新工业革命领域的研究水平足以和美国及世界顶尖大学（如斯坦福大学、卡内基梅隆大学）相抗衡。人们经常将阿里巴巴与亚马逊做比较，但是很多业界人士认为，在最前沿的技术领域（如云计算、大数据软件和算法）中，阿里巴巴无法与亚马逊相提并论。

中国与其他国家在芯片领域的差距则更大。中国是全球最大的芯片进口国。几年前，中国芯片进口额已经超过原油进口额，高居中国进口额第一。中国本土设计的、拥有自主知识产权的芯片在世界市场的占有率依然非常低。美国英特尔、高通已垄断电脑及手机芯片市场。

正在迅猛兴起的人工智能革命（也称“第四次工业革命”）将全面塑造人类经济。世界各大媒体一致认为，中美两国正在成为人工智能革命的主要竞争力量。美国政府已经将人工智能领域列为国家重点支持的领域，而且发誓要永远雄踞世界第一。甲骨文的创始人拉里·埃里森在接受媒体采访时非常直白地说：“美国企业必须确保美国在高科技领域尤其是人工智能领域永远位居世界第一。”

所以，提升产业的长期竞争力还是要依靠基础科学的研究成果。

中国政府同样将人工智能领域列为国家重点支持和鼓励发展的领域。中国在人工智能领域确实有自己的独特优势——人口众多、市场规模巨大、应用场景丰富、商业模式多样。大数据的迅猛增长，为人工智能的运用开拓出无限广阔的发展空间。然而，美国、中国的人工智能领域的资深专家和业界人士都认为：“在人工智能的核心技术领域中，中国和美国还有巨大差距。”有人甚至认为，中美在人工智能的核心技术方面的差距是“天壤之别”。最主要的差距可能是在算法领域，因为人工智能底层技术的核心是算法，算法则必须依靠数学家的长期研究。所以，提升产业的长期竞争力还是要依靠基础科学的研究成果。

中国依然非常缺乏世界知名品牌和具有国际影响力或掌控力的跨国企业

另一个巨大差距就是我们依然严重缺乏世界知名品牌和跨国企业。有人认为，中国真正的跨国企业可能只有华为。华为约有 20 万员工，这些员工大多在海外工作。华为业务遍及世界 170 多个国家和地区，超过一半的业务收入来自海外，是真正的跨国企业。

尽管阿里巴巴和腾讯非常有名，市值非常庞大，但从本质上讲，它们属于本土企业，还不是真正的跨国企业。中国的制造业企业大多是从事来料加工或者贴牌生产业务的企业，或者是所谓的 ODM（原厂委托设计）企业。ODM 是指受托厂商根据原厂商的需求，进行产品的设计和制造加工。

前几年的统计数据表明，在我国的所有进出口企业中，拥有自主品牌的进出口企业占比不到 20%，自主品牌出口额占出口总额的比重不到 10%。也就是说，我们的很多出口企业并非是拥有自主品牌的企业，我们在为他人作嫁衣。在技术领域，中国与其他国家的差距还非常大。

中美两国上市公司的市值也可以作为一个对比的指标。如今，我们喜欢对比上市公司的市值，喜欢对比世界500强企业里有多少家中国企业，有多少家美国企业，有多少家日本企业，等等。我们经常谈论在前十大世界互联网企业中，有4家企业来自中国，有6家企业来自美国，其他国家的企业均没有上榜。这听起来很了不起，也确实了不起。

让我们来认真分析一下，即使让我们引以为傲的高科技领域的新兴企业（如阿里巴巴、腾讯、百度等）都已经是非常了不起的本土企业了，但是它们与美国同类企业（如谷歌、亚马逊）之间的差距还是非常大的，特别是在全球领先技术方面的巨大差距。腾讯在技术布局上有它独到的优势和创新。腾讯有规模很大的内部研究院，并和很多国内外大学的研究机构有前沿科技方面的研发合作。但如果与美国的高科技企业相比，腾讯在全球最前沿科技方面并未占有领先优势，而我国其他的知名高科技企业同样如此。总之，这三家企业和其他中国知名互联网企业（如奇虎 360、京东、小米等）的整体水平，与美国互联网企业的整体水平相比，差距巨大。

除了互联网行业以外，美国其他行业的高科技企业的市值也高达数百亿美元。市值超过千亿美元的高科技企业也有很多，如芯片巨头英特尔、高通，软件巨头甲骨文，世界电子和电力行业的龙头老大通用电气。虽然美国电话电报公司发展缓慢，但其市值仍然高达两三千亿美元，它仍然是美国电信巨头。此外，市值很高的美国企业还有辉瑞、IBM（国际商业机器公司）、沃尔玛、迪士尼、波音等。

市值超过千亿美元的美国医药企业至少有 8 家，比如著名的强生、辉瑞、默沙东、吉利德、联合健康、安进、CVS 健康、施贵宝。虽然企业市值只能说明一部分问题，但却能从侧面反映出企业的强大实力。中国除了互联网行业以外，其他行业几乎没有市值超过 500 亿美元甚至千亿美元的高科技企业。

所以我们必须认识到，在高科技领域，中国与美国之间的差距依然非常巨大，我们应以一个客观、理性的态度来看待这个差距。

在纽交所和纳斯达克上市的美国企业的总市值早已超过 30 万亿美元，其中美国高科技企业的总市值已经超过 4 万亿美元。按板块来划分的话，高科技企业的总市值高居美国股市总市值行业占比的第一位。美国绝大多数高科技企业都是全球行业龙头，所以美国高科技企业的盈利能力远超中国同类企业，其市盈率也远低于中国同类企业。

所以中国在经济转型升级的过程中，与发达国家的差距将会长期存在。虽然我们现在更喜欢关注市值（腾讯和阿里巴巴的市值已经非常高），且市值的确很重要，但中国企业的高市值只能说明中国拥有人口及市场的巨大优势。中国与发达国家在原创性科技方面的差距还非常大。这种差距主要体现在基础科学研究方面。我们要记住任正非的话，虚心向美国学习。

第 2 节　坚持虚心向美国学习

人工智能革命本质上就是以人工智能为核心的人类产业大变革。中国和美国在高科技领域存在巨大差距。中国和美国的差距还不是在某一个点上或者某几个点上的差距，而是在科技创新能力方面的整体差距，最终体现为在科技创新成果方面的全方位的差距。

我们需要持续坚定地向美国学习

我前不久读到任正非在华为高管会议上公开演讲的一篇文章（很多朋友也在朋友圈分享了这篇文章），他说："我们要正视美国的强大，看到差距，坚定地向美国学习，永远不要让反美情绪主导我们的工作。"

作为中国最成功且最具有思想高度的一位企业家，任正非讲这番话是经过深思熟虑的。无论是中国的企业家还是学者、官员、普通人，都可以从任正非的讲话中学到很多东西并获得启发。我们不应被狭隘的民族主义和爱国主义情绪蒙蔽双眼，冲昏头脑。

任正非的话并不是空穴来风。在民族主义言论甚嚣尘上的大背景之下，他还能讲这番话，足以证明他是一位非常值得尊重的企业家。任正非要求华为的每个员工都不能被这种强烈的民族主义情绪所左右。任正非还强调，华为是一个跨国企业，应该有世界性的胸怀。从科技创新的角度看，美国仍然比中国领先很多，这就是任正非强调持续坚定地向美国学习的原因。

如果我们从科技创新的角度来考察全球产业链的发展，那么中国在全球产业链中处于一个什么样的位置呢？

中国工信部部长苗圩说："在全球制造业的四级梯队中，中国处于第三梯队，成为制造强国尚需时日。"以我个人非常粗浅的研究来看，从科技创新的角度判断中国处于第三梯队，确实比较符合现实。

从科技创新的角度来观察，处于第一梯队的国家显然是发达国家，如美国、英国、德国、日本、以色列。这些国家能够创造出引领全球科技的尖端核心技术，它们是创新者、创造者、引领者、领跑者，而中国主要是跟跑者、追随者。中国应努力从跟跑者、追随者成为并跑者，再从并跑者成为引领者、领跑者。虽然这并不容易，但是这必须成为我们努力的方向，我们别无选择。我们需要解决一个最基本的问题：如何成为全球科技创新的引领者和领跑者？这不是依靠喊口号或立军令状就能实现的，这需要创新的体制机制和制度保障。这就是我们需要认真向美国学习的原因，我们必须清楚美国引领世界科技创新这么久的秘诀是什么。

美国依然是世界科技创新领域的领跑者

目前，世界科技创新领域的领跑者主要有美国、英国、德国、日本、以色列。

我们应该明白，在很多最前沿、最核心的科技领域，如互联网、智能手机、云技术、机器人、人工智能、生物科技等，美国基本上都是领跑者。其中，互联网、智能手机、云技术、机器人都起源于美国。

美国苹果是智能手机行业的创新者和领跑者，几乎全世界的生产智能手机的企业都在追赶苹果的脚步。尽管韩国三星曾获得成功，但中国华为后来居上，成为新的耀眼明星。然而，美国的实力依然不可小觑，尤其是在芯片和操作系统方面，美国依然一家独大。

互联网是由美国首创的。20世纪六七十年代，互联网先为美国军方所用，后来逐渐被用于商业，很快成为全世界具有革命性的产业。互联网彻底改变了整个人类社会的经济技术面貌，成为有史以来最伟大的技术创新之一。业内专家说："互联网的核心技术仍然掌握在美国人手中。"

机器人领域也是美国最早开始探索的先进技术领域，日本、德国、瑞士紧随其后。目前，日本、德国和瑞士拥有最领先的机器人制造技术。机器人的制造需要技术支持，如芯片、操作系统和软件，而其最核心的技术就是算法，美国在这方面具有独特优势。

最近我读了美国学者写的一本书《超级算法》，讨论的就是“信息时代的密码是什么”。互联网、智能手机、云技术、机器人的发展离不开算法。人工智能革命是一次全新的重大技术革命。美国总统特朗普专门召开会议，部署人工智能革命的相关工作。美国在人工智能领域占据绝对优势。

科技创新是提高国家综合实力的决定性力量

2018 年年初，美国总统特朗普把美国 40 个顶级科技企业的董事长和 CEO（首席执行官）召集到白宫，召开人工智能座谈会，并宣布成立白宫人工智能特别委员会，把人工智能发展上升为美国国家战略。特朗普要求这些企业和政府科研机构紧密合作，协同作战，确保美国在人工智能领域中始终拥有世界领先地位。

2019 年年初，世界软件巨头甲骨文撤销了中国研发机构。埃里森直截了当地说：“这是为了防止中国借鉴或‘窃取’甲骨文的技术。美国企业家不允许中国在高科技领域超越美国。”

可见，科技实力已经成为综合国力和国际竞争力的战略支撑。

> 科技实力已经成为综合国力和国际竞争力的战略支撑。

回首过去的 100 多年，我们可以看到，在不同的时代，总是有一个行业能够代表一个国家的科技实力，如 20 世纪 20 年代兴起的汽车行业。

今天，人们普遍认为人工智能是一个国家科技实力的最集中体现，因为它涉及互联网、智能手机等先进技术。我们可以看到，美国仍然在这个领域不断发力，持续创新。美国的科技创新引擎仍然非常强大。

此外，美国还拥有页岩气、新能源、航天航空、无人机、无人驾驶汽车、智能汽车等领域的先进技术。比如，谷歌拥有无人驾驶汽车的先进技术，微软和亚马逊拥有先进的软件技术。当然，谷歌早已成为一个真正的科技帝国。有一位投资者告诉我："研究人工智能的最强大的力量来自四大机构——麻省理工学院、斯坦福大学、卡内基梅隆大学和谷歌。谷歌甚至可能是四大机构里面最强大的机构！因为谷歌取得了一个巨大的成就。"

再以无人机为例。中国深圳著名的无人机企业（如大疆无人机）已经取得了巨大进步，让中国人感到自豪。但美国在无人机领域仍然拥有独特优势。我们决不可轻视。

美国哈佛大学肯尼迪政府学院前院长约瑟夫·奈说："与中国相比，美国有几大张王牌，其中的一张王牌就是美国拥有非常充分的能源供应，完全不依赖进口。"为什么美国能够拥有充分的能源供应？因为美国不仅拥有自然资源的优势，还拥有科技优势。美国成功完成了页岩气革命和清洁能源革命。曾经有很长一段时间，很多人包括中国人都不相信页岩气革命，把它看作一个笑话。但美国却通过多年的探索与实践，取得了科技突破。因此，美国在能源市场上占据了绝对优势。

虽然美国的市场规模同中国一样，也非常庞大，但强大的科技实力才是其真正的优势。这种优势不是通过科研人员一两年的努力就能够获得的，而是需要科研人员长期从事基础科学研究。总之，美国真正强大的地方在于它有很多世界顶级的科研机构，这些科研机构取得了很多重大科技成果，而这些科技成果最终会转化为产品。

第 3 节　什么是最强大的竞争力

据我所知，在中国的著名企业家中，最重视基础科学研究的企业家无疑是任正非。任正非曾在媒体采访中反复提到基础科学研究的重要性。他说："中国要踏踏实实在数学、物理、化学、神经学、脑科学……各方面努力去改变，我们才能在这个世界上站起来。……我们在全世界有 26 个研发能力中心，拥有在职的数学家 700 多人，物理学家 800 多人，化学家 120 多人。"

为什么华为能够成为全球最具创新力企业？我想任正非对基础科学研究的极端重视已经给出了答案。任正非确实抓住了人类科技进步的最基本规律——只有基础科学的重大突破才能为国家带来最持久和最强大的竞争力。

中国这些年在科技创新领域有飞速的进步，特别是近 5 年，中国专利申请的增长速度是全世界最快的。现在我国专利申请的总数量（据某些数据统计）也仅次于美国。但如我前面所说，美国几乎在所有的前沿科技领域仍然处于非常领先的地位。我国专利申请数量和增速当然获得了巨大进步，但这并不意味着我国的科技创新水平已居世界前列。这就好比大家都是发表文章或出版著作，但文章或著作的含金量会有天壤之别。

美国取得科技领先地位得益于基础科学的突破

美国取得科技领先地位是科技创新生态体系长期演化和进步的结果，是国家的创新制度和创新机制不断完善的结果。

我始终喜欢强调科技创新生态体系的重要性。因为如果一个国家想取得科技领先地位，就必须具备制度优势、体制机制优势和基础科学优势。没有基础科学的突破，就不可能有产业的发展。

互联网、人工智能、机器人等科技创新背后的强大动力，就是基础科学的突破。

此外，哲学思想也被运用于科技创新研究。以人工智能为例，我们需要深入回答一个基本问题：人的智能到底是什么？这需要我们研究脑科学、神经科学。如果我们连对人脑的智能机制都没有足够深入的认识，那么怎么能够设计出比人的智能还要先进的机器智能呢？那么脑科学、神经科学到底是怎么回事？它们研究的到底是什么？更重要的是，在研究脑科学、神经科学的过程中，我们还会面临一些哲学问题。例如：意识是什么？为什么人能够有自我意识？为什么人能够认识世界？这些哲学问题都是困扰人类数千年的最重要的哲学问题。没有对这些哲学问题的深刻思考，就不可能提出真正重要的有关人工智能的问题。

当我们看到一个图片或风景时，我们马上就会有联想，马上就能写文章。我们为什么会有这样的自我意识呢？而人工智能希望未来的机器人也能够有这样的意识和情感，这不是很有意思吗？这不是极具挑战性吗？所以，深度学习、图像识别、文字识别这些热门话题的讨论，都是围绕“机器人如人类一般拥有意识和情感”展开的。

可见，人工智能不是一个简单的科技创新问题，即使很多人浅薄地认为，人工智能就是一项技术而已。我认为，人工智能代表人类思想的巨大进步和伟大创新，代表人类对自身认识的划时代飞跃。

> 人工智能代表人类思想的巨大进步和伟大创新，代表人类对自身认识的划时代飞跃。

1956年，美国麻省理工学院的两位犹太科学家提出了人工智能的概念，他们分别是约翰·麦卡锡和马文·明斯基。这两个人既是数学家、计算机科学家，又是哲学家。作为顶尖哲学家，他们并非仅仅从纯粹的技术层面来分析这些重大问题，他们可以在最深的层面分析人的本质——意识的本质和智能的本质。他们还是图灵奖（计算机科学领域最高奖）得主。

其实，历史上最伟大的科学家一定也是最伟大的哲学家。比如相对论和量子力学的伟大开创者、人类有史以来最伟大的科学家爱因斯坦，就是一位哲学家。一般人很难读懂爱因斯坦的广义相对论，就连一些科学家和学者也不例外。

但如果你试着去读爱因斯坦的书信、演讲稿、散文和论文，你就会深刻体会到科学的诞生是建立在对科学技术的哲学思考之上的。

19 世纪末 20 世纪初，有很多著名的科学家怀疑以太假说[①]的准确性，譬如荷兰物理学家洛伦兹、法国数学家和物理学家彭加莱等人，他们离否定以太假说、创立相对论就差那么一点点的距离。而这一点点的距离恰恰说明他们既缺乏创新的勇气，又无法跨越哲学鸿沟。

爱因斯坦的伟大正在于此。他是一个真正的哲学家，既有深邃的哲学思想，又有突破和超越的勇气。

同样，麦卡锡和明斯基之所以能够提出人工智能这

---

① 以太假说：笛卡儿提出，物体之间的所有作用力必须通过以太这种媒介物质来传递。——编者注

样划时代的想法，就是因为他们深入哲学层面去思考人脑是怎么运转的，人的意识是怎么形成的，人的知识是怎么获得的。这些问题都是最高级的哲学问题。

麦卡锡和明斯基在提出人工智能概念后，毕生致力于相关思想和技术的研究。当然，提出人工智能概念的科学家和思想家还有好几位，比如“计算机之父”冯·诺依曼、“控制论”创始人维纳等。然后，美国著名大学（如麻省理工、斯坦福、伯克利、加州理工、卡内基梅隆）的大多数教授都参与了相关思想和技术的研究。无数科学家、研究人员、研究机构和企业的数十年的合作探索，终于迎来人工智能的丰硕成果，开创了科学技术的新时代。但是这一切的起点却是那些哲学思想。

人工智能的发展也曾陷入低谷。在20世纪七八十年代，人们对人工智能信心不足，人工智能的研发一度陷入低潮。直到20世纪90年代，IBM的深蓝计算机在国际象棋比赛中击败了世界上最著名的国际象棋冠军加里·卡斯帕罗夫。这对人工智能的推进是一个非常重要的里程碑事件。

这几年，谷歌的人工智能研究也快速崛起，诞生了很多人工智能方面的新发明，研发出了一个著名的阿尔法狗。阿尔法狗先后战胜了韩国著名棋手李世石和中国著名棋手柯洁，这引发全球的广泛关注，连普通人都开始关注人工智能。

人工智能的发展离不开哲学。所以我以人工智能的发展为例，说明我们要想在基础科学领域里真正取得全球领先地位，就不能单纯依靠技术研发，也不能单纯依靠某几个企业来实现这个目标。也许有人会说："我们已经有华为，华为在全世界成立了很多研究机构；我们还有腾讯，腾讯资产雄厚，它斥巨资与清华大学以及其他大学合作；我们还有阿里巴巴，阿里巴巴的马云成立了达摩研究院，并计划投入 1 000 亿元做技术研发。"

是不是有这些就足够了？当然不够。我们需要构建一个真正的、富有活力的科技创新生态体系。我们应该重视大学的基础科学研究和思想创新，因为它们是科技创新生态体系的活力之源。企业做技术研发当然非常重要，但这只是整个科技创新生态体系中的一环。

科技领先并非仅仅靠企业的巨额投资就能实现

我们确实需要鼓励企业做技术研发，甚至从事基础科学研究。凡是有研发经费的企业都应该做研究。但是从我对全球科学技术发展史，特别是美国科学技术发展史的粗浅研究来看，我可以肯定，实现科技领先仅靠企业的巨额投资是不够的。因为企业的研究主要是以产品为导向，多数企业都不够重视基础科学研究。这项任务必须由大学和专业的研发机构来完成。

为什么美国始终能在科技领域处于领先地位？让我们以英特尔为例来回答这个问题。英特尔已经有半个世纪的历史了（它正式成立于 1968 年），它在芯片领域的领先地位也有漫长的历史。

英特尔的几个主要创始人（如罗伯特·诺伊斯和戈登·摩尔）都是仙童半导体的创始人。仙童半导体的前身是肖克利半导体。威廉·肖克利是诺贝尔物理学奖得主、晶体管的发明人。晶体管被誉为 20 世纪最伟大的发明之一。晶体管的发明是在著名的贝尔实验室完成的（美国电话电报公司从事基础科学研究的内部研究所）。晶体管的诞生离不开量子力学和固体电子学。没有这些基础理论的突破，就不可能有晶体管的诞生。

所以我们只有追溯历史，才能明白美国在科技领域始终处于领先地位的原因。简单的口号或者巨额的资金投入无法让我们从第三梯队走到第一梯队。我们必须总结美国及其他发达国家的经验和教训，深入研究科学技术创新的内在规律。我们必须尊重这个规律。

互联网的产生

20 世纪 50 年代，美国与苏联的军备竞赛推动了互联网的发展。二战后，苏联取得了几个重大科技突破，如苏联第一颗人造卫星上天。苏联还紧随美国的步伐制造出原子弹和其他核武器，这给美国带来了极大的震撼。

美国立刻采取行动。美国前总统杜鲁门和艾森豪威尔先后制定了美国科技振兴规划。当时的美国政府动员军工企业、顶尖大学、研究机构或智库参与其中，美国还成立了国家科学基金会、著名的林肯实验室等。

推动美国建立全方位科技创新生态体系的核心人物来自麻省理工学院，他就是范纳维尔·布什。他是科学家、发明家、行政管理大师，尤其重要的是，他是具有卓越预见能力的科技预言家。

二战临近结束之时，罗斯福总统要求布什准备一份报告。1945 年 7 月，布什将名为《科学——没有止境的前沿》的报告提交给了杜鲁门总统（罗斯福总统于当年 4 月溘然长逝），这是一个具有划时代意义的美国科学政策奠基之作。报告建议政府出资与大学和产业界合作，共同推动美国的基础科学研究。

布什的报告有许多精彩论断：基础科学研究创造科学资本，创造知识宝库，一切科技研究成果都必须源自这个宝库。

布什说："一切新产品和新工艺都不是突如其来、自我发育和自我生长起来的，它们皆源自新科学原理和科学概念。新科学原理和科学概念则必须来自最纯粹科学领域持续不懈的艰难探索。如果一个国家最基础的前沿科学知识依赖他人，那么其产业进步必然异常缓慢，其产业和世界贸易竞争力必然极其孱弱。"

正是在布什的著名报告的影响下，美国政府斥巨资创立国家科学基金会、美国国防高级研究计划局、林肯实验室等众多顶级研究机构，开启了美国战后规模最庞大的科学技术研究工程。当时，杜鲁门总统否决了国会创建国家科学基金会的法案，因为法案规定国家科学基金会的主席由一个独立的理事会任命，而不是由总统任命。但后来，布什说服了杜鲁门总统，理由是一个独立的理事会任命基金会主席能够避免总统受到那些寻求政治好处的人的干扰。杜鲁门总统对布什的政治敏锐性深感震惊，他对布什说："你应该成为一个政治家，因为你拥有政治家的直觉和本能。"

美国科技振兴规划的制定是为核战争做准备。美国当时的想法就是在与苏联的战争中取胜。如果核战争爆发，美国就要确保自己的军事指挥系统（一个提供信息传输服务的网络系统）在苏联的核武器攻击之下不会瘫痪。如果现有的军事指挥系统被苏联的核武器摧毁，那么美国必须确保还有其他军事指挥系统可以继续运转，也就是必须建立一个备份系统。美国国防部提出这个构想后，美国很多机构的科学家都参与了这个创新实践。

隶属于美国国防部的美国国防高级研究计划局负责协调美国的顶尖大学、军工企业和其他科研机构，它们将一起完成美国的重大科技突破。

当时，没有人能预知互联网会发展成今天这样的规模，美国当时只是想创建一个军事指挥系统。著名的兰德公司的科学家，斯坦福大学、加州理工学院、麻省理工学院等大学的科学家也都参与过这个创新实践，因为它需要来自各个领域的科学家合作完成。所以，只有基础科学突破才能真正影响互联网科技产业。

我们必须清楚，美国在科技领域领先世界 100 多年绝对不是一个偶然现象。2008 年金融危机期间，一部分中国人特别迷信所谓的阴谋论——美国阴谋得逞，美元霸权已形成。这完全是无稽之谈。

还有人认为，美国的科技领先地位不是凭实力获得，而是靠卖国贼鼓吹出来的。这真是天下奇闻。这种奇谈怪论是不可理喻的谬论，让人感到非常吃惊。

美国企业的内部研究机构和中国企业的内部研究机构也有很大的差别。我前面提到中国著名的企业（如华为、阿里巴巴和腾讯等）都能够拿出数百亿美元来做研发，大家都认为这是非常了不起的事情。尤其是华为每年投入的研发费用都超过了 150 亿美元，位居世界前列。

然而，每年真正能够投入巨额资金做研发的中国企业并不多。阿里巴巴和腾讯是比较年轻的企业，这两年才开始大规模投入研发。

而早在很多年前，就有数十家美国企业投入了 100 亿美元以上的研发费用。投入几十亿美元做研发的美国企业就更多了。据我了解，英特尔、谷歌、亚马逊、微软等企业都非常重视研发投入。

获得 8 个诺贝尔奖的贝尔实验室

在科技研发方面，美国还有一个优势：美国很多企业的研发机构并不仅仅是为了自己的产品做研发，而是在做真正的基础科学研究。相信很多人都听说过贝尔实验室的故事。

1908 年，美国电话电报公司成立了一个内部研究所——贝尔实验室。贝尔实验室已有 100 多年的历史，它取得的科技成就超越了很多国家，包括中国。它的科技成就还超越了很多大学——获得 8 个诺贝尔奖就是贝尔实验室所取得的骄人成就！

20 世纪 20 年代的贝尔实验室发明了统计过程控制图。贝尔实验室还推出了远距离电视传输和数字计算机，领导了有声电影和人工喉的开发。

20 世纪 30 年代的贝尔实验室发明了立体声录音、电子语音合成器、电子衍射。其中，电子衍射获得了诺贝尔物理学奖。

20 世纪 40 年代的贝尔实验室发明了晶体管、全晶体管计算器。香农在贝尔实验室工作，其间提出了信息论。这些都是贝尔实验室做出的重大贡献。任正非在 2019 年全国科技创新大会的讲话中提到了香农定理和摩尔定律。香农定理就是信息论的基础，由贝尔实验室提出。

20 世纪 50 年代的贝尔实验室发明了太阳能电池和最早的计算机音乐制作程序软件。

20 世纪 60 年代的贝尔实验室发现了宇宙微波背景辐射，并第一次提出激光理论。

当然，除了美国电话电报公司的贝尔实验室以外，还有通用电气著名的“魔法屋”，施乐帕克研究中心，IBM 研究院，等等。它们都曾有过非常伟大的发现，比如魔法屋的研究成果也曾 2 次荣获诺贝尔奖。

施乐帕克研究中心是现代计算机技术的诞生地。乔布斯多次提到，他最早做个人电脑所运用的显示技术及其他核心技术，都来自施乐帕克研究中心。

这样高水平的企业内部研究机构在美国还有很多。可见，美国取得科技领先地位并非偶然。美国企业的研发投入不仅在规模上与中国企业有巨大的差别，而且在研发导向上也与中国企业有极大的区别——美国企业不仅仅研究某个具体的产品，而且还做基础科学研究。这也是美国的贝尔实验室拥有很多重大科技发明的原因。

我们当然希望中国企业也能达到这样的高度——重视基础科学研究，而非仅关注产品研发。因为只有这样，中国才有可能成为引领者。

第4节　硅谷的创新文化基因

我们在前面提到中国经济实现转型升级的根本挑战是如何实现全面的科技创新。从长远来看，科技创新是一个国家最持久的竞争力，也是最核心的竞争力。如果一个国家没有科技创新能力，就不可能引领全球产业创新发展趋势。

面向未来，中国经济转型升级的努力方向之一，就是要缩小与发达国家在核心技术方面的差距。要缩小这个差距，就要建立一个富有活力的科技创新生态体系。

> 科技创新是一个国家最持久的竞争力，也是最核心的竞争力。

怎样才能建立一个富有活力的科技创新生态体系？这是一个非常值得研究的问题。我们以全球最著名的创新中心硅谷为例，透视美国的科技创新生态体系、创新机制和创新文化，看看硅谷能带给我们什么启发。

硅谷的诞生与历史

到今天为止，硅谷成为全球的创新中心至少已经有七八十年的历史了。硅谷诞生的标志是1938年惠普的创立。惠普的创始人是戴维·帕卡德和比尔·休利特。他们都是斯坦福大学电机系的毕业生。他们的导师是弗雷德里克·特曼教授，特曼在整个硅谷的发展历史上具有不可替代的重要作用，被誉为“硅谷之父”。

因为斯坦福大学有很多土地，所以特曼建议斯坦福大学的董事会将800多英亩[①]的土地拿出来，以非常低的价格租给斯坦福大学的毕业生，支持这些毕业生创业（实际上，中国今天鼓励“大众创业、万众创新”的很多措施，可能还没有当年特曼的做法先进）。以低价

① 1英亩≈4 046.86平方米。——编者注

甚至免费把土地租给斯坦福大学毕业生的新颖做法（后来也以低价租给外来创业者），形成了硅谷的创业氛围。硅谷也因此而诞生。

自硅谷 1938 年诞生以来，它的每个阶段都会出现一些非常奇特甚至非常伟大的企业。这不仅改变了硅谷，而且改变了整个世界产业的发展方向，改变了世界经济格局和人类生活面貌。

1938 年，惠普在硅谷诞生；1957 年，仙童半导体在硅谷诞生。后者培养了一大批半导体方面的顶尖人才，这样才出现了 1968 年的英特尔。英特尔有两位创始人，戈登·摩尔先后毕业于加利福尼亚大学伯克利分校和加州理工学院，罗伯特·诺伊斯毕业于麻省理工学院。我们都知道，在全球最高端的芯片产业中，英特尔处于垄断地位。

1975 年，苹果在硅谷诞生，其创始人是史蒂夫·乔布斯和斯蒂夫·盖瑞·沃兹尼亚克。1998 年，谷歌在硅谷诞生，其创始人是拉里·佩奇和谢尔盖·布林，他们均毕业于斯坦福大学。2003 年，埃隆·马斯克的特斯拉在硅谷诞生。2004 年，Facebook（脸书）在硅谷诞生，其创始人是马克·扎克伯格。我们可以看到，在硅谷几十年的发展历程中，每个时代都会出现这种引领人类产业发展方向的、具有独特创新能力的伟大企业（当然在硅谷诞生的著名企业远远不止我提到的这几家）。这些企业改变了世界，成为全球企业学习的榜样。

硅谷企业的共同特点

硅谷的这些伟大企业有什么鲜明特点呢？根据我粗浅的研究，它们至少有五个共同特点。

第一，它们都拥有自己的原创科技项目。从某种意义上说，没有英特尔就没有苹果、谷歌、亚马逊，因为英特尔是现代科技行业的奠基者。而苹果至今都是全世界最值钱的企业。

第二，它们都获得了融资。“风险投资之父”阿瑟·洛克是英特尔、苹果和仙童半导体的天使投资人，现已年近百岁。

第三，它们既有独特的企业文化，又有共同的企业文化特征。从惠普、仙童半导体、英特尔、谷歌到 Facebook，它们有一个共同的企业文化特征——自由奔放，不拘一格，反对官僚主义，厌恶因循守旧、故步自封。它们崇尚平等，蔑视权威。它们与纽约的传统企业很不一样。位于美国纽约的传统企业依然重视官僚层级，追求中规中矩的企业文化。但硅谷文化是一种全新的文化。很多参观过苹果和谷歌的朋友都有这样的深刻体会，硅谷的企业可能是世界上最能激发员工创造力的组织。这是极具深远意义的组织创新。

第四，它们反过来又成为新企业的孵化器。这些伟大企业培养出来的人才，又创造出新的具有科技创新能力的伟大企业。所以这些伟大企业同时也是培养创新人才的中心。这就是科技创新生态体系的核心所在。我国著名的互联网企业同样如此，比如腾讯、阿里巴巴、百度、京东等，这些企业同样也孵化出很多人才，进而孵化出很多创新企业。

第五，它们都具有持续创新能力。硅谷的企业都有持续创新能力，它们的关注点不仅仅停留在一个产业和一个产品上。英特尔和苹果这两家企业的持续创新能力达到令人惊叹的程度。

英特尔有一个著名的定律，是它的创始人戈登·摩尔提出的“摩尔定律”。今天，摩尔定律在全世界信息科技行业被广为流传。这个定律非常准确地揭示了信息科技的进步规律。1968 年，戈登·摩尔提出这个定律的时候，它只是一个猜想。但是后来英特尔的科学家和工程师通过在工艺上、材料上、科技上持续地创新，竟然把摩尔定律变成了现实。为什么我们现在使用的手机、电脑的价格变得如此便宜，功能变得如此强大？这都是摩尔定律起到的巨大作用。摩尔定律本身并不是一个科学定律。从本质上看，它代表的是一种持续创新能力。硅谷的那些具有持续创新能力的企业非常了不起，因为是它们创造了现代人类社会。

苹果当然是持续创新能力的典范。乔布斯是现代个人电脑的开创者。苹果从个人电脑开始，发展出无数新兴产品，特别是以智能手机为代表的信息科技产品，它开启了移动互联网的时代。所以大家可以看到，硅谷的一代又一代的伟大企业依靠自身形成了一个完整的、持续的创新体系。

那么，硅谷的创新文化基因到底是什么？这是需要我们深入思考的重大问题。

从 1938 年惠普创立开始，硅谷的每个时代都会涌现出一大批具有产业代表性和持续创新能力的伟大企业。硅谷已经形成了一个自己独特的具有蓬勃生命力的科技创新生态体系。它是全球的创新中心，是科技创新的指路明灯。

硅谷企业家为此深感自豪，他们用这样一句话来形容硅谷的极端重要性："硅谷之于美国，正如美国之于世界；斯坦福大学之于硅谷，正如硅谷之于美国。"

很多人认为硅谷是一个浓缩版的美国。因为硅谷有三个最鲜明的特点：多元文化、叛逆精神和崇尚自由。

硅谷为什么如此独一无二？我们应该从文化中去寻找这些问题的答案，去寻找硅谷的创新文化基因。

根据我对人类创新历史的粗浅研究，硅谷的科技创新生态体系的核心并不是技术和科学，而是一种独特的创新文化。其他文化都是这种独特的创新文化发展的必然结果。

五大文化源流成就了硅谷的创新精神

在近百年的历史中，五大文化源流恰如滚滚江河，汇聚成硅谷奔腾的创新洪流。

第一个文化源流来自旧金山的淘金文化。我们都知道，旧金山在19世纪中期被发现巨额黄金储备。当年的淘金潮吸引了美国乃至全世界的无数冒险家和渴望致富的人纷纷涌入旧金山。旧金山的淘金文化就是敢于冒险、渴望成功、追求梦想、不守规矩、肆意妄为。当然，淘金文化也伴随着掠夺和其他非法行为。

第二个文化源流来自全球各种宗教信仰的共生共长。旧金山是一个多元文化的栖息地。在旧金山，你能接触到天主教、清教、犹太教，还有佛教、禅修，以及各种各样的现代流行文化（如美国的嬉皮士文化等）。旧金山就是各种新生事物不断涌现的地方。

第三个文化源流来自二战后的大批退伍军人登陆旧金山。美国有很多年轻人加入二战。战争期间，他们在欧洲地区、太平洋地区打仗，对世界的认识已经非比寻常。退伍后，他们狂热地追逐美国梦，并纷纷来到旧金山。因为旧金山的人都是来自美国各地的人，特别是怀揣梦想的年轻人，他们都选择在旧金山开启创业之路。

第四个文化源流来自以 NASA（美国国家航空航天局）为代表的顶级科技机构落户旧金山。NASA 落户旧金山，吸引了美国很多顶尖大学的科学家到旧金山工作，引爆了科技创新的热潮。

第五个文化源流（我想也是最重要的）来自硅谷周边的三所顶尖大学，分别是斯坦福大学、加利福尼亚大学伯克利分校和加州理工学院。这些大学处于全球科技领域的领先地位是毋庸置疑的。特别是加州理工学院被誉为“天才的学府”，即只有天才才能进入这所大学。加利福尼亚大学伯克利分校、斯坦福大学同样是著名学府，它们在各种基础科学领域和应用科学领域都走在世界的最前列。这些大学培养出来的获得诺贝尔奖、菲尔兹奖、图灵奖等奖项的科学家不胜枚举，它们是当今世界门槛最高、最难进的大学。

总之，这五大文化源流成就了美国创新精神。美国创新精神就是硅谷创新精神——多元文化，崇尚自由，追求梦想，矢志不渝。

乔布斯本人就是硅谷创新精神的典型代表，也是硅谷创新精神的集中体现。在沃尔特·艾萨克森撰写的《史蒂夫·乔布斯传》中，艾萨克森描述了现代个人电脑的由来和苹果的起源。

在这本书中，艾萨克森和乔布斯本人都强调了旧金山的多元文化对乔布斯的深刻影响。20 世纪 60 年代，旧金山的军事订货合同额快速增长。紧接着，电子芯片制造商、视频游戏设计者和计算机企业异军突起，迅速引爆了一场技术革命。与此同时，黑客文化逐渐盛行，网络玩家、电话飞客、各种痴迷新产品的极客不断出现。他们是与惠普中规中矩的企业文化不合拍的工程师，是对企业部门层级感到浑身不舒服的年轻小伙子。艾萨克森写道："在这里，湾区垮掉的一代发起了嬉皮士运动，伯克利的言论自由运动诞生了一批叛逆的政治活跃分子。在此基础上，一系列实现自我、追求心灵启迪的行为风靡一时——禅宗和印度教，冥想和瑜伽，原始尖叫和感觉剥夺，伊莎兰治疗法和电击休克治疗法。"

我们可以看到，苹果以及其他硅谷的企业正是在这样的文化氛围中成长起来的。个人的自我觉醒意识和飞速发展的科技完美结合起来，形成了 20 世纪 60 年代的旧金山文化。乔布斯正是这种文化的完美化身。

乔布斯在年轻的时候，每天黎明时分就开始打坐禅修。他白天在斯坦福大学选修物理学。夜幕降临的时候，他开始设计游戏，同时写创业计划书。在这种文化氛围中，有梦想的年轻人都渴望创业，就如乔布斯所说："活着，就是为了改变世界。"他需要一个在宇宙中留下印迹的产品。

深圳是中国最具活力的创新中心，独特的地理环境和千载难逢的历史机遇创造了多元、开放、包容的深圳文化。这种文化使深圳涌现出大批新兴科技企业。

没有斯坦福大学就没有硅谷的创新神话

我们可以看到，硅谷之所以能够成为硅谷，正是多元文化相互碰撞的结果。当然，这种文化碰撞的实现必须有一个基础——伟大的斯坦福大学。所以，正是伟大的大学创造出伟大的人，伟大的人研发出伟大的技术，伟大的技术成就了伟大的企业，伟大的企业开拓了崭新的世界。

简而言之，没有斯坦福大学就不可能有硅谷的创新神话。

斯坦福大学占地面积 35 平方公里（相当于 52 500 亩），位于寸土寸金的帕洛阿尔托市。如此大面积的土地究竟值多少钱呢？大家可以自己估算一下。

1885 年，美国铁路大王利兰·斯坦福的年仅 15 岁的独生子小利兰·斯坦福在游历欧洲期间感染风寒，不治身亡。痛失爱子让斯坦福夫妇悲痛欲绝。为了怀念爱子，他们决定捐献全部家产以创办一所大学。斯坦福夫妇为此还专门到哈佛大学咨询当时的哈佛校长查尔斯·艾略特：“到底是建一所大学好，还是创办一所研究院好？”艾略特回答：“最好创办一所大学。”于是，斯坦福夫妇将校址选在了离旧金山大约 50 英里[①]的帕洛阿尔托。

斯坦福大学究竟有多优秀？我在这里以几个简单的数据来说明。这个大学总共培养出 58 位诺贝尔奖得主，5 位普利策新闻奖得主，27 位麦克阿瑟学者，3 位美国

① 1 英里 ≈1.61 公里。——编者注

国家人文奖章得主，20 位美国国家科学奖章得主，2 位美国国家技术和创新奖得主，277 位美国文理科学院院士，158 位国家科学院院士，104 位国家工程院院士，67 位医学研究所成员，32 位国家教育学院院士，51 位哲学学会成员，7 位沃尔夫奖得主，还有很多其他奖项的得主。虽然这些数据并不完整，但足以说明斯坦福大学优秀了。

我们在羡慕这所大学和硅谷所取得的辉煌成就的同时，也应该记住斯坦福大学的校训——让自由之风吹拂心灵。正是“独立之精神，自由之思想”的理念创造了伟大的大学。

斯坦福大学的校训恰好道出了人类的创新源泉——独立的精神和自由的思想！没有独立的精神和自由的思想，任何创新都不可能产生。如乔布斯所言，创新就是创造与众不同，就是敢于创造不同的世界。这就是硅谷的创新文化基因。

第 5 节　以色列的创新奇迹

以色列在前些年并不为人所知。最近十年，特别是最近五年以来，随着中国开始关注创业，很多人将目光投向了这个中东的小国。

以色列毫无疑问是当今世界最具科技创新能力的国家之一，它所拥有的科技创新成果令人惊叹。但是在20世纪初期，美国文豪马克·吐温曾到以色列旅游，他在游记中写道："这是一个荒无人烟、凄凉惨淡的国土；这是一片寂静孤冷、令人悲伤的天空。"

以色列人口不足900万，面积不到3万平方公里，周边敌国林立，对其虎视眈眈。它在1948年建国之时，人口只有60万，面积不到今天的1/3。以色列建国以来，战争不断，数万名优秀的年轻人死于战争。有人做过统计，按照人口比例计算，以色列建国以来因战争死亡的人数占总人数的比例超过两次世界大战美国死亡人数占总人数的比例。即使在今天，以色列依然面临着国家安全的巨大挑战。对以色列来说，达摩克利斯之剑始终高悬。

建国初期的以色列是世界上最贫穷的国家之一，人民生活水平相当于1800年前的美国人民的生活水平。当时，以色列的所有东西都属于国家，所有的物资都实行配给制。人们彻夜排队，用手里的食品配给券购买少得可怜的配给口粮（每个家庭一周只能分配一个鸡蛋）。然而，就是在这样恶劣的大环境下，这个小国迅速崛起，并成为全球最著名的高科技强国之一。

以色列在60年的时间里实现了50多倍的经济增长。过去20年，以色列的人均风险投资额是美国的2.5倍，是中国的80倍，是印度的350倍。2000年后的十多年里，以色列的风险投资额达到20亿美元，相当于整个英国的风险投资额（英国的人口是6 100万），相当于德国和法国的风险投资额的总和（两国总人口是1.45亿）。以色列建国以来，其人口增长超过10倍。尽管周边国家长期对以色列实施封锁和禁运，但以色列的人均国民收入却直线上升，现在已经超过 4 万美元，跻身世界最富裕的国家行列，这不能不说是一个奇迹。

以色列是没有任何资源的国家，淡水都需要依靠进口（以色列 4/5 的国土都是沙漠和半沙漠地区）。以色列也没有中东地区的大多数国家都拥有的一个最重要的资源——石油。那么这个奇迹是怎么产生的?

按照以色列前总统西蒙·佩雷斯的说法，以色列不依靠石油，也不依靠土地，它最重要的资源就是犹太人的智慧。

以色列建国之父本–古里安曾经说:“感谢上帝没有给我们石油，但给了我们智慧。”股神巴菲特曾经如此形容以色列:“如果你想去中东寻找石油，那么就别在以色列停留。但是，如果你想寻找聪明的大脑，那么你去以色列足矣。”

我们都知道犹太人在科学领域可谓独占鳌头。犹太人占全球总人口的比例只有 2‰，但他们中间却诞生了

162 位诺贝尔奖得主，占诺贝尔奖总数的比例超过 20%，其中物理学奖占 27%，医学奖占 30%。科技对以色列国民生产总值的贡献率高达 90% 以上，每 10 000 名雇员中就有 140 名高级科技人员、工程师，平均 1 844 个以色列人中就有一位是创业者。

在美国纳斯达克上市的以色列企业的数量超过所有在纳斯达克上市的欧洲企业的总和。谷歌前 CEO 埃里克·施密特宣称，美国是世界上首屈一指的创业者乐园。而排在美国之后的国家就是以色列。微软前 CEO 史蒂夫·鲍尔默认为，从微软以色列团队的规模和其发挥的中心作用来看，微软既是一家美国企业，也是一家以色列企业。近一半的世界顶级科技巨头都到以色列收购高新技术企业，建立研发中心。中国包括华为、阿里巴巴、腾讯在内的企业，都选择在以色列进行投资，寻求与以色列的科技企业的合作机会。

那么以色列是怎么做到这一点的？它的秘诀到底是什么？以色列前总统西蒙·佩雷斯曾对以色列的立国

之道和成功秘诀有过很好的总结："以色列是土地和自然资源极度匮乏的国家，但以色列人用知识和智慧弥补了自然资源的不足。今天，我们早已不再为资源匮乏担心，因为企业家精神已经成为以色列最宝贵和最丰富的资源。"

佩雷斯认为以色列每时每刻都有新的科学发现。来自美国的任何先进技术会在5分钟之内被以色列人改进。整个以色列都充满了创新的社会氛围。

佩雷斯还认为，纵观整个历史，犹太人对推进人类文明的最大贡献就是永不满足的求知欲。保持企业家精神的首要动力就是对现状不满，对改变世界充满激情和勇气，对未知世界满怀好奇心和求知的渴望，而犹太人对教育和科学研究非常重视。

为什么全世界最重要的科技企业——从英特尔到谷歌再到微软——都纷纷在以色列设立研发中心，甚至很多企业在以色列设立的研发中心比它们在本国设立的研发中心还要大。我曾在以色列进行过几次考察，当我看到这个现象时，我感到非常惊讶。很多企业设立的以色列研发中心都在以色列北部的一个小城市——海法，海法人口只有 30 多万。而中国很多大城市的人口资源远比以色列丰富，为什么就不能吸引全球顶级科技企业到中国的城市设立研发中心呢？

海法吸引全球顶级科技企业的原因是它有以色列理工学院。以色列理工学院被称为“中东的麻省理工学院”，它培养了无数的科学家、工程师，其中包括 11 个诺贝尔奖得主。

令人感到惊讶的是，早在犹太人实现复国梦想之前，他们就已决定在巴勒斯坦的犹太人定居地创建一流大学和研究机构。希伯来大学是以色列最著名的大学，它创建于 1918 年。以色列的建国之父、犹太复国主义之父哈伊姆·魏茨曼在开学典礼上说：“放眼望去，我们面前的这片土地人烟稀少，几乎什么都没有，一切都等待我们建设。但是我们今天就要在这片土地上创建一个弘扬精神文化的中心。希伯来大学的创建是世界科学和教育史上的一个传奇，它的诞生比这个国家的诞生还要早整整 30 年。正是这种令人惊叹的勇气创造了真正的奇迹。”

今天，希伯来大学是世界上最著名的研究型大学之一，培养出了众多顶尖的科学家和学者，包括多位诺贝尔奖得主。此外，著名的以色列理工学院创办于 1924 年。著名的魏茨曼科学院创办于 1934 年。1956 年，以色列又创办了特拉维夫大学，它目前是以色列规模最大的大学。

换句话说，以色列在建国之前，以魏茨曼为首的建国元老们就已经为以色列奠定了极其坚实的科学研究基础。如今的以色列拥有 8 所综合性大学，27 所学院，其中有 4 所大学跻身全球前 150 所顶尖大学之列，有 7 所大学跻身亚太地区前 100 所顶尖大学之列 。

一个人口仅仅约 800 万（大约为中国南京市人口）的小国，却拥有如此多高水平的大学和研究机构。以色列对教育和科学研究的高度重视，正是值得我们认真学习的地方。

第 4 章

提升金融竞争力

第1节　中国金融有哪些问题

中国社会主义改革开放和现代化建设的总设计师邓小平有一句名言："金融很重要，是现代经济的核心。"[①]这句话既是对全球经济和金融发展历史的深刻简要总结，也是对我国经济和金融过去40年发展的深刻总结，还是指导我国未来金融改革的基本思想。

我们讨论中国经济未来的转型升级，就不可能不认真研究中国金融未来改革和发展的方向。改革开放40年以来，与我国经济一样，我国金融改革同样取得了巨大成就，在金融市场、金融机构、金融产品、金融监管、金融国际化和人民币国际化方面都实现了历史性飞跃。今天的中国股票市场、债券市场和其他金融市场的成交总量已经跃居世界前列。

---

① 《邓小平文选》第3卷，北京：人民出版社。

在我国金融总量高速扩张的同时，也累积了很多深层次的重大矛盾和突出问题，金融业的结构失衡甚至比整体经济的结构失衡还要严重，金融信贷资源过多地集中在东部沿海地区，集中在特大城市和中心城市，集中在国有大型企业和房地产企业；高科技农业企业获得的金融信贷支持始终不足，中小微企业始终面临着融资难、融资贵的大难题，中西部欠发达地区的信贷资源分配也严重不足。从国际竞争力角度看，我国金融业的国际竞争力还非常薄弱，我国的资本账户还没有完全对外开放，人民币国际化步履维艰，金融企业大而不强。

随着经济下行压力加大，各种金融风险快速凸显，我国进入金融风险易发高发期，几乎每天都有各种金融“爆雷”的消息发出。金融诈骗、违法集资、内部违规交易、股市操纵等各种金融乱象层出不穷。“黑天鹅”“灰犀牛”随时可能出现，“引爆明斯基时刻”也不是危言耸听。

要实现中国经济的转型升级，就必须努力实现中国金融业的转型升级。

在 2017 年全国金融工作会议上，与会的领导人对中国金融业的现状做了非常系统、全面和深刻的反思。

1. 金融脱实向虚。脱实向虚确实是中国经济和金融面临的一个非常严峻的问题——大量金融资源、信贷资金在金融体系里自我循环、自我空转，没有流到实体经济；大量资金被用于投机炒作；很多企业热衷于参股、控股或直接创办金融企业等。与此同时，实体企业却依然面临融资难、融资贵的问题。

2. 金融乱象触目惊心，如非法集资、非法资金外逃、违规金融操作（内幕交易）等。这也是为什么“一行两会”（中国人民银行、银保监会、证监会）的负责人反复强调要整顿金融秩序。

3. 中国的金融监管并不到位，至今仍存在金融监管盲区。

2017 年全国金融工作会议的与会领导人对中国金融面临的问题进行了透彻分析，也为中国金融未来的改革发展做出重要部署和方针指引。这值得我们深刻反思和高度重视。那么如何防范和化解金融风险？我们将从大的层面分析中国金融经过几十年的发展所累积的问题——中国金融的严重失衡问题。这些问题其实就是爆发金融风险的根源。

我们必须承认，我国金融业发展确实取得了巨大的进步。随着中国成为世界第二大经济体，成为世界第一货物贸易大国，中国在金融方面也创造了真正的奇迹，如我国的外汇储备高达3.2万亿美元。

与此同时，我国商业银行的资产总规模已达到世界第一，早已超过40万亿美元。按人民币计算，我国商业银行的资产总规模已经超过260万亿元。我国金融市场整体规模跃居世界前三，其中股票市场位居世界第四，债券市场位居世界第三，仅次于美国和日本。人民币已成为世界贸易的第二大结算货币和国际金融交易的五大货币之一。2015年，人民币正式成为国际货币基金组织特别提款权货币篮子的成员货币，占比达到

10.92%，仅次于美元和欧元。

中国金融业发展在取得这些巨大成就的同时，不平衡和不充分的矛盾也日益突出。

第一个不平衡就是国有企业和民营企业的信贷资源分配的严重失衡。

这些年我国金融面临一个老大难问题，那就是中小企业和民营企业融资难、融资贵的问题。造成这个问题的原因是信贷资源分配的严重失衡。

我国的大部分信贷资源由大型国有企业掌控。根据权威部门的统计数据，国有企业占用了 80% 以上的信贷资金。有的数据甚至表明，大型国有企业获得了 85% 以上的银行贷款。民营企业所得到的信贷支持与它们对经济的贡献是不相称的。绝大多数民营企业都是中小企业。我国中小企业融资难、融资贵的问题已存在几十年，但到今天仍然没有得到解决。就好像网络上流传的所谓降息降准定律一样，网友调侃："降息降准永远打着'为中小企业解困'的旗号，然而实际上，绝大部分资金都流向了大型国有企业，降息降准和中小企业没有太大关系。”因此，信贷资源分配的严重失衡是我国金融业在发展过程中遇到的极大的问题。

> 信贷资源分配的严重失衡是我国金融业在发展过程中遇到的极大的问题。

第二个不平衡就是房地产企业和其他实体经济企业的信贷资源分配的严重失衡。也就是说，房地产企业占用了太多信贷资金，与其对经济的贡献不相称。

根据中国人民银行的相关统计数据，房地产企业占用的信贷资金的比例已超过40%，甚至达到了42%，而其对GDP的贡献比例只有20%。这显然是极不正常的。很多人都知道，房地产已金融化，所谓房地产的企业家，多数应该被称为“金融家”。重庆市前市长黄奇帆曾多次在演讲中提到，很多房地产企业都是利用高杠杆来赚钱。高杠杆和高负债隐含着巨大的金融风险。一些企业的杠杆率太高是中国金融业的最突出问题。

第三个不平衡就是城市和乡村的信贷资源分配的严重失衡。也就是说，国家对“三农”领域的信贷投放力度还远远不够。

我自己做过一些调研，我国的广大农村基本上没有得到过信贷支持。本该属于农村的信贷资源，往往都被城镇占用，这是不公平的。

实际上，我国农村目前的基础设施薄弱，农业生产效率低。而我们庞大的信贷资源都在为投机服务。“普惠金融”“为中小微企业服务”“为‘三农’服务”仅仅停留在口号上。如此下去，今后中国的粮食安全、中国人的生存安全都会遭遇重大的挑战。

第四个不平衡就是东部沿海地区和中西部地区的信贷资源分配的严重失衡。

从事金融工作的人可能都知道，上海、广州、杭州这些位于东部沿海地区的特大城市和中心城市所获得的信贷资源，占整个信贷资源的 2/3 以上。信贷资源分配的失衡，无疑造成了我国中西部地区发展的严重滞后。

第五个不平衡就是国内金融业快速发展与国际竞争力不足的严重失衡。

我国商业银行的资产总规模已达到世界第一，但是我国金融业的国际竞争力依然不足。如今，虽然中国工商银行、中国农业银行、中国银行、中国建设银行这四家银行的资产规模已经位居世界前十，但我们扪心自问，中国金融业真的拥有强大的国际竞争力吗？在全球最主要的金融中心——伦敦、纽约、香港、新加坡，中资金融机构是主流金融机构吗？我们有国际金融话语权和主导权吗？当然，我们已经有一些话语权，但客观地说，我们目前拥有的权利还远远不够。

我在前文提到，2017年美国总统特朗普访问中国时，哈佛大学的肯尼迪政府学院前院长约瑟夫·奈就写过一篇文章。他在文章中说："中美互利互惠，相互合作是最好。但是如果双方真的要较劲、要摊牌，那么真正的底牌、真正的王牌在谁手中呢？美国有四张王牌，中国都没有王牌。"美国的第一张王牌是地缘政治优势，第二张王牌是能源优势，第三张王牌是美国的外贸依存度较低，第四张王牌是美元霸权和美国的国际金融主导权和控制权。

> 提升我国金融业的国际竞争力是我国目前面临的主要挑战。

事实确实如此。虽然我国拥有巨额外汇储备，且是世界第二大经济体和世界第一货物贸易大国，但是我国却对资本账户时时审慎、严格管理，无法使其实现完全的自由兑换。此外，美联储的货币政策仍会对我国金融市场造成冲击。这些充分说明我国金融业的国际竞争力仍然不足。

因为一个在金融领域拥有强大国际竞争力的国家，其资本账户一定是完全开放的，其金融机构纵横全球市场，并在全球最主要的金融中心占据主导地位，不用担心国际热钱冲击，不用担心汇率波动。

所以在 2017 年全国金融工作会议上，习近平总书记强调："金融是国家重要的核心竞争力。"我们要深刻反思和总结改革开放40年以来的经验和教训。

提升我国金融业的国际竞争力是我国目前面临的主要挑战。

第2节　中国金融的致命短板

虽然中国现在是世界第二大经济体、世界制造大国、世界第一货物贸易大国，但是我国在金融领域的国际地位与“世界第二大经济体”的身份不太相称。虽然我国商业银行的资产总规模已经超过40万亿美元，接近50万亿美元，但是我国的金融国际竞争力与资产总规模不太匹配。

我国金融业的整体国际竞争力依然不足，主要表现在以下五个方面。

第一，我国还没有真正的跨国金融企业。无论是我国的商业银行、投资银行、保险公司、证券公司，还是其他金融机构，都没有真正实现全球化经营。如何定义一家真正的跨国金融企业呢？通常来讲，当企业的收入和利润中至少有30%来自海外市场时，这才是一个真正实现全球化经营的跨国金融企业。

按照这个指标衡量，中国工商银行、中国农业银行、中国银行、中国建设银行、交通银行这五家国有大型商业银行，其他股份制商业银行，以及中国所有的保险公司、证券公司都达不到这个要求。

所以，中国的金融企业与真正的跨国金融企业相比，还有很大的差距。在中国工商银行、中国农业银行、中国银行、中国建设银行这四家国有大型商业银行中，来自海外或国际市场的收入和利润占总收入和利润的比例相对比较高的是中国银行和中国工商银行。其中，中国工商银行在前些年做了一系列的海外收购，包括收购南非的标准银行，收购加拿大的银行等。但是总体来讲，中国还没有一家真正的跨国金融企业。这就意味着，中国企业在全球货币金融市场和全球资本市场上的影响力还非常不足，甚至可以忽略不计。

这对中国企业实现跨国经营或实施"走出去"战略也是非常不利的。当我还是中国农业银行的首席经济学家的时候，我遇到一些经营海外业务的中国企业家，他们认为在海外市场拓展业务很不方便，因为海外没有中国的银行可以进行业务合作。同时，没有真正的跨国金融企业，尤其是跨国银行，对国家货币金融安全也非常不利。

第二，我国金融市场还不是真正的国际金融市场。我在上一节提到，我国金融市场的交易规模和余额规模已经扩大，金融市场的整体规模已跃居世界前三。中国股票市场的规模位居世界第四，债券市场的规模位居世界第三。从交易量、余额看，中国债券市场的规模确实达到了世界前三的水平。但这只是依据规模指标判断的，不是依据国际化指标。我们必须承认，中国金融市场还不是一个真正的全球金融市场。

> 中国金融市场还不是一个真正的全球金融市场。

什么是全球金融市场呢？就是国际投资者和国际企业都向这个市场投入了大量资金。也就是说，这个金融市场不仅是一个有中国的企业、中国的投资者、中国的储蓄者投资的市场，还是一个有全球的投资者和全球的储蓄者进行投资和资产配置的市场。

按照这个标准来衡量，中国的金融市场与真正的全球金融市场之间的距离还很遥远。外国商业银行为中国配置的资产，只占其总资产的2%左右。在中国的股票市场和债券市场中，外国投资占总投资的比例还不到5%。很多外国基金，无论是共同基金还是其他类型的投资基金，其在全球的资产配置中，投资中国资产的比例不到3%。我曾经遇到一位著名的美国投资基金的管理者，他说："按照中国如今的经济体量，美国和欧洲国家的大型投资基金公司的全球投资组合为中国资产配置的投资比例应该要达到10%，甚至15%。我们距离这个数字还很远。"

第三，我国金融市场尚未成为一个全球财富的储水池。我想问大家一个问题：为什么中国的资本账户仍然不能实现自由兑换？很多外国朋友说："中国的外汇储备已经如此庞大——拥有3万多亿美元的外汇储备，甚至其在最高点时接近 4 万亿美元，但为什么中国的资本账户还不能对外开放？你们担心什么呢？”

这个问题非常值得我们思考，也是我们必须回答的一个问题。我们到底担心什么呢？如果中国金融市场是全球财富的储水池，那么大量的外国资金就愿意停留在中国金融市场，因为这些资金在中国金融市场可以获得既稳定又安全的长期收益。因此，资本外流的现象是不会发生的。正如美国和伦敦这样的全球金融市场，它们会担心资本外流吗？不会的。多年来，美国始终是吸纳全球资本最多的国家，因为它的金融市场是一个真正的全球金融市场，它可以吸纳全球资本，无论这些资本是用于直接投资、债券投资，还是股票投资等。

如何把中国金融市场（包括股票市场、债券市场、外汇市场、大宗商品市场）变成一个真正的全球金融市场，是一个重要的课题。只有当全球的投资者把中国金融市场看作他们财富的储水池时，中国的金融业才真正具备了国际竞争力。

第四，我国金融业的国际竞争力不足，体现在我国的资本账户仍然受到非常严格的管理，没有实现自由兑换。在经济发展的初期，在金融市场还不够发达，资本市场的广度、深度还不够的时候，严格管理资本账户是非常有必要的。世界各国都经历过这样的过程。但是，我国经济经过40年的快速发展后，已经成为世界第二大经济体，然而资本账户仍然不能实现自由兑换，或者说我们还没有条件实现完全的自由兑换，这从一个侧面说明我国金融业的国际竞争力还不足。

我国金融市场能否敞开胸怀，对全球的资金和投资者开放？能否将资本账户完全放开，让符合基本条件的资金不用经过任何审批、自由投资？这是评判我国金融业国际竞争力的一个重要指标。

第五，人民币国际化刚刚起步，离真正成为国际货币还有很远的距离。我国金融业的国际竞争力不足，其根源在于我国的货币竞争力严重不足。

只有人民币真正实现了国际化，全世界的投资者才愿意用人民币来进行投资、储蓄，以及进行各种金融交易和贸易的结算。

人民币的国际化程度与其他主要货币的国际化程度相比，处在一个什么样的水平上呢？

我所在的中国人民大学国际货币研究所每年都会编制世界主要货币的国际化指数，用这个指数来衡量这些货币的国际化程度。现在国际化程度最高的货币当然是美元，它的国际化指数达到 55；第二名是欧元，其国际化指数达到 25；第三名是英镑，其国际化指数达到 5.5；第四名是日元，其国际化指数达到 4.3。

只有人民币真正实现了国际化，全世界的投资者才愿意用人民币来进行投资、储蓄，以及进行各种金融交易和贸易的结算。

而人民币的国际化指数只有 2.26。不过，它曾在 2015 年年中达到最高点 3.9，接近 4 的水平。因为当时的人民币有非常强烈的升值预期，来自中国香港、德国法兰克福、英国伦敦等很多地方的人都愿意用人民币进行投资或发行债券，而且这些市场有越来越多的人民币储蓄资金。

但2015年10月之后，人民币开始出现强烈的贬值预期。在很多地方的离岸市场，人民币存款出现较大幅度的下降。人民币的国际化指数也相应出现了比较显著的下降。

如今，人民币的国际化程度也根本不能与美元的国际化程度和欧元的国际化程度相提并论。即便人民币与英镑和日元相比，其差距也仍然巨大。

人民币的贸易结算量保持稳定增长。据统计，除了美元和欧元以外，人民币是全球第三大贸易结算货币。也有人认为，人民币是全球第四大贸易结算货币（因统计口径的不同而有所差别）。这些年，人民币在国际贸易结算方面确实取得了非常重要的成就。但是人民币在全球储备货币、全球金融结算、国际债券、国际股市、大宗商品交易中所占的份额还非常低，基本上可以忽略不计。

所以从这些指标上来看，虽然我国金融业在过去 40 年已取得辉煌成就，但离具有国际竞争力的金融市场还有非常遥远的距离。所有的金融从业人员都应付出更艰辛的努力，拥有更开阔的视野。开拓国内市场固然重要，但更重要的是提升我国金融市场的国际竞争力。

第3节　国际竞争力从何而来

我们在上一节提到中国金融业的国际竞争力依然不足，我们需要极力提升中国金融业的国际竞争力。2019年，国家最高领导人也明确要求，要增强我国整个资本市场的国际竞争力。

可能有朋友会问："我们为什么要增强国际竞争力？我们为什么要努力推进人民币的国际化？我们为什么要开拓海外市场？"

坦率地说，如果你是一个普通的金融从业人员，那么你可能不会主动思考这样的问题。因为作为一个普通的金融从业人员，你只在乎是否能获得高收入。而一般的金融机构也只在乎是否能实现收入和利润的增长。中国有很好的投资机会，为什么要去海外投资？何况近几年，中国一直是全世界的投资热土，中国人在自己的地盘放贷款，做业务，且能赚到钱，这当然是好事。

但放眼世界，我们必须深刻地认识到，如果我国的金融业只是一个相对封闭的金融业，那么一旦遇到全球金融危机，一些在经济形势好的时候容易被掩盖、被忽视的薄弱环节和深层次问题就会立刻显露出来。

> 金融市场不应是一个封闭的市场，而应是一个开放的市场。

而当资本账户开放后，由于我国金融市场还未全球化，大量资金可能会外流，进而影响汇率的稳定性。当汇率受到影响时，股票市场、房地产市场也将受到影响，有可能会诱发一轮又一轮的危机。所以，提升金融业的国际竞争力非常重要。金融市场不应是一个封闭的市场，而应是一个开放的市场，我们要以全球视角考虑国际金融市场的动荡可能造成的冲击。更重要的是，金融是国家的核心竞争力，它关系到国家安全。因此，它应引起我们的高度重视。

强国拥有强大的国际金融和国际货币

强国的金融同样是强大的金融。在各个时期的具有代表性的世界强国（如荷兰、英国、美国）兴起的过程中，金融都发挥了不可替代的作用。

16 世纪的荷兰是欧洲的一个小国。它凭借金融创新成为强大的国际金融中心，并将殖民网络和贸易网络扩张到整个世界，一跃成为欧洲最富有的国家。荷兰当时的强大可谓超乎想象，直到今天，荷兰也是世界上收入最高和经济最发达的国家之一，这与当年阿姆斯特丹成为全球货币金融中心有极大的关系。阿姆斯特丹是金融创新的发源地。从股票市场、外汇市场，到国债市场、期货市场、期权市场，这些无一不是在阿姆斯特丹发展起来的。

英国于 17 世纪创立英格兰银行，建立国债市场、股票市场，摸索并创建了一套完整的金融体系。这不仅带动了经济的快速发展，催生了第一次工业革命，而且让英国这么一个小岛国家成为大英帝国，并称霸世界一二百年。1688 年，英国发生“光荣革命”，创立了近代政治制度；紧接着发生的就是英国的“金融革命”，以 1694 年英格兰银行的创立为主要标志。英国“金融革命”是英伦三岛迅猛崛起成为大英帝国的关键力量。

美国崛起与金融的关系就更加密切。20 世纪以来，美国政府与华尔街的金融家、企业家紧密合作，通过制定和实施金融战略，敏锐地抓住了两次世界大战、冷战、经济全球化所带来的重大机遇，精心策划、运筹帷幄，迅速将美元变为全球最主要的储备货币、贸易结算货币和金融交易货币。

法国前总统夏尔·戴高乐曾深刻地指出了美元霸权的本质：“美国享受着美元所创造的超级特权和不流眼泪的赤字。它用一钱不值的废纸去掠夺其他民族的资源和工厂。”

戴高乐的经济顾问是法国有名的经济学家雅克·吕夫，吕夫说得更加直接：“当代国际货币体系已经沦落为小孩子们的‘过家家’游戏。欧洲各国辛辛苦苦赚回美元和英镑，然后又毫无代价地拱手返还发行这些货币的国家，就好像小孩子们玩游戏一样，赢家同意将赚回的筹码奉还给输家，游戏却继续进行。”

以中国为例，中国用真正的资源、产品换回大量的美元钞票。这些钞票构成了中国的外汇储备，而这些外汇反过来又借给了美国。因为只要中国购买了美国国债和其他债券，就意味着中国以非常低的价格把赚到的外汇又还回去了。美国给了我们一沓钞票，然后我们又以很低的收益率把这一沓钞票还给了美国。这就是美元霸权的本质。

> 美国给了我们一沓钞票，然后我们又以很低的收益率把这一沓钞票还给了美国。这就是美元霸权的本质。

当然，戴高乐和吕夫的观点有点儿偏激。毕竟对于那些赚取外汇并将外汇投入美国国债市场的国家来说，它们也能获得收益。我们必须看到事物的两面性，既要看到美元霸权带给美国的巨大好处，也要看到美元霸权对其他国家而言也不完全是不利的。“欧元之父”罗伯特·蒙代尔认为，由少数几个或一个大国的货币主导全球或地区经济体系，可以降低国际贸易和金融交易的成本，有利于全球经济发展。

美元霸权的运行机制

美元霸权的历史成因很复杂，其运行机制更复杂。

美元霸权的特征主要体现在六个方面。（更详细的内容请参考我的另外两本书——2014 年出版的《新资本论》和 2013 年出版的《争夺制高点》。）

第一，美元地位特殊，它把全球经济格局改造为一个美国出口货币或流动性、其他国家出口商品的格局，即美国印钞票、其他国家以真正的商品来交换美元。美国有庞大的贸易赤字和财政赤字，它靠对外借债维持经济活动，而其他国家都会给予美国融资支持——以商品交换美元，再把美元投资到美国国债和金融产品上去。

第二，美元几乎可以控制全球金融市场。它在很大程度上可以通过操控金融市场，来影响和操控全球经济。例如，如果美国 2008 年出现的金融海啸发生在其他国家，那么这些国家肯定早就破产了。但是美国不仅没有破产，反而变得更好。由于美国的大量外债都由外国政府的投资基金持有或私人投资者购买，因此美国可以利用量化宽松货币政策，即印美元来解救危机。美联储前主席本·伯南克通过量化宽松货币政策，不仅使美国渡过了 2008 年金融危机，还使美元的地位大幅提升。这就是美元霸权为美国带来的超级利益。

> 美国能以低成本吸纳全球资本、对外借债。美国就像一个巨型银行。

第三，美国能以低成本吸纳全球资本、对外借债。美国就像一个巨型银行。一方面，它通过发行国债、公司债等方式对外借债，以很低的成本（低收益率）吸纳全球资本（美国每年都是吸引外资最多的国家，尽管中国已迅速崛起为世界第二大外资流入国，但和美国相比还有很大的差距）；另一方面，它用吸纳的资本投资其他国家的高收益资产和产业（如高科技产业和垄断产业）。美国通过杠杆率和投资收益率之间的利率差，赚取了巨额收益。在美国这个巨型银行的资产负债表中，资产就是它在海外的投资，负债就来自其他国家的投资。美国以很低的成本吸收存款，再将这些存款投资到收益率很高的项目，获取超额利润。如今，美国的对外负债早已超过 20 万亿美元，这是一个非常庞大的数字。

第四，美元是世界主要的金融和贸易结算货币及储备货币，几乎不受汇率波动的影响。美国把汇率看作一个重要的外交手段，经常以此来打压和制裁其他国家。

第五，美国通过控制国际清算银行、国际货币基金组织和世界银行这些主要的国际金融机构，获得国际货币金融体系的绝对话语权和规则制定权。这两项权利非常重要，譬如《巴塞尔协议Ⅲ》就是由美国主导的国际金融机构发布的。

第六，美国掌控全球货币金融最重要的交易体系和清算网络，即全球的金融基础设施。掌握了交易体系和清算网络，就等于掌握了各国金融机构、企业之间的交易信息，便于美国对其他国家实施金融制裁。这就是美元霸权，它是一个真正的霸权。

从具体操作上看，美元霸权有五个主要机制。

第一个机制是美国可以通过印发美元解决很多问题，譬如偿还外债、避免债务危机，制造全球性通货膨胀、间接减少债务负担，向全球征收通货膨胀税，等等。

在理论上，美国可以通过印发美元去购买所需要的一切资源和产品。因为全世界都接受美元。

为什么美元霸权涉及美国的核心利益？首先，在理论上，美国可以通过印发美元去购买所需要的一切资源和产品。因为全世界都接受美元。与此同时，它还可以通过大量印发美元制造全球性通货膨胀。

从某种意义上讲，美国可以通过制造全球性通货膨胀抵消自己的一部分债务。2008 年全球金融危机之后，很多人认为，美国每年都有庞大的财政赤字，它很可能公开赖债。然而事实并非如此。

> 我们更要努力提升中国金融业的国际竞争力，减少对美元的依赖，因为这不仅与金融业有关，还关系到国家的核心利益和国家的命运。

因为美国不需要公开赖债，它所借的外债都是以美元计价的外债，它完全可以通过印发美元还外债。它可以通过印发更多的美元，增加更多的全球流动性，制造全球性通货膨胀，最终达到向全世界征收通货膨胀税的目的。美国通过征收通货膨胀税，巧妙地赖掉了它的一部分债务。这是美元霸权为美国带来的巨大利益。

第二个机制是美国可以通过操纵汇率为自己谋取利益。美国一直将汇率看作实施国家战略目标的工具。

特朗普曾经承诺，他会在进入白宫的第一天，就命令财政部部长把中国列为汇率操纵国。在小布什政府和奥巴马政府期间，美国也多次威胁要把中国列为汇率操纵国。但其实全世界真正能够操纵汇率的国家只有美国！

因此，我们更要努力提升中国金融业的国际竞争力，减少对美元的依赖，因为这不仅与金融业有关，还关系到国家的核心利益和国家的命运。这不是儿戏，而是国之大事。

第三个机制是利用庞大的国际金融市场吸纳全球资本。美国凭借其最具流动性的国债市场、股票市场、大宗商品市场、贵金属市场、外汇市场和其他金融市场，吸纳了大量的全球资本。

特别是美国的国债市场，它是全世界流动性最好、监管相对也好的一个市场。目前，美国国债规模已经超过 20 万亿美元，是美国 GDP 的 1.1 倍。如此庞大的美国国债有 1/3 以上是由外国政府持有。

那么，为什么外国政府要大量持有美国国债呢？例如，中国、日本、新加坡、韩国，还有一些石油输出国都持有大量的美国国债，其主要原因就是美国的国债市场具有良好的流动性。

前些年，“如何使用我国的巨额外汇储备”的话题曾经引起国内的热烈讨论。好多人认为，我们购买的美国国债太多了，而美国的国债收益率很低，并不划算；我们应该投资黄金、石油、土地、森林。达成的共识是，中国应该分散美债投资，实现外汇储备投资多元化。还有人认为，我们不应该大量投资美国国债，我们可以投资欧洲债券、日本债券、韩国债券等。

这些年，中国确实在努力推进外汇储备投资多元化，购买黄金和其他国家的债券——中国人民银行一直在增加黄金储备，并购买石油，增加了对矿产资源的投资，还成立了主权财富基金（如中投），投资了很多海外股权。

但是，尽管我国努力推进外汇储备投资多元化，但是大量的外汇储备仍然只能用于投资美国的债券市场，特别是美国国债市场。美国债券市场从某种意义上讲是全世界独一无二的一个市场。它具有高度的流动性、安全性和可交易性。我们当然也可以购买欧洲债券，比如信用级别极高的德国债券，但它的流动性不足（欧元区没有一个统一的债券市场）。

所以美国的债券市场使美国具有极强的国际竞争力。这就解释了美国始终能吸纳全球资本的原因，而且美国无须担心财政赤字和贸易赤字。因为 2008 年金融危机之后，美元和美国金融市场的地位反而大大提升。

很多人认为，只要中国把持有的美国国债抛售，美国国债市场就会陷入危机。提出这种观点的出发点可能是好的，但实际上这是不可能的。因为提出这种观点的人并不了解美国国债市场的运行机制和其具有的巨大威力。我在前文中提到，美国国债规模已超过 20 万亿美元。当然，其市场交易规模并没有这么大，只有国债总余额的 70% 左右。不过，70% 也意味着 14 万亿美元，它依然是非常庞大的市场规模。即使中国撤出1万多亿美元投资，也不可能对它的市场造成灾难性的影响。我们可以对比一下，目前中国债券市场的总规模大约为90万亿元，也就是13万亿美元左右，还没有美国国债市场的规模大。

何况如果真出现了某种对美国的国家安全构成巨大威胁的极端情况，那么美国可以宣布进入国家紧急状态，关闭金融市场或者冻结金融资产，让外国投资者无法出售在美国金融市场里的金融资产。最著名的事件是，在一战刚刚爆发的时候，美国前总统伍德罗·威尔逊和财政部前部长威廉·吉布斯·麦卡杜就下令关闭华尔街的整个金融市场，停市达四个多月。关闭华尔街金融市场的目的就是防止欧洲国家抛售它们在美国金融市场的债券和股票，扰乱或摧毁美国的金融市场。当时的美国政府还禁止了所有黄金的出口。所以美国为了国家利益，会在非常时期采取非常手段。

如果真出现了无法避免的极端情况，且中国不得不与美国全面对抗时，那么中国必须慎之又慎，认真研究对策，不可鲁莽行事。

因为美国的金融市场是独一无二的，绝大多数全球知名企业都是在纽约上市的。中国企业也不例外，如阿里巴巴、百度、京东等。仅此一点，就可见其金融市场的巨大优势。

> 以自己的货币借外债，就不存在其他国家借外债必然会遇到的一个大麻烦——货币错配。

曾担任美国财政部高官的哈佛大学著名教授理查德·库珀认为，美国庞大的债券市场具有一种规模效应和锁定效应。外国投资者投资美国国债越多，就越增加美国债券市场的规模和流动性。长此以往，外国投资者将无法摆脱美国债券市场。这就形成了一个正向循环。

除了上述印发美元、操纵汇率和吸纳全球资本的三个机制外，第四个机制是美元的国际竞争力。美元拥有一个巨大的优势——以自己的货币借外债。以自己的货币借外债，就不存在其他国家借外债必然会遇到的一个大麻烦——货币错配。

例如，中国要到全球金融市场去借外债，那么中国不能以人民币计价来借外债，只能以美元计价来借外债。虽然中国这些年发行了一小部分以人民币计价的国际债券，但这个规模依旧很小。而美国则不同，它借外债都是以美元计价的，无论规模大小。

如果我们需要大量借外债，且必须以美元还债，但又不能自己印发美元（因为美元是美国的法定货币，不是中国的法定货币），那么我们应该怎么办呢？我们只能通过出口获得美元，或者通过外汇市场用人民币买美元。假如我们的外汇储备不足以还外债，就会出现汇率危机、债务危机，甚至会引发大规模的金融危机。1982年的拉美债务危机、1997年的亚洲金融危机、2014年的俄罗斯卢布危机、2018年的土耳其货币危机等，这些都是货币错配所引起的金融危机。

颇有威望的俄罗斯总统普京在面临汇率危机时，也是无计可施。当时俄罗斯的外汇储备不够还外债，造成卢布急剧贬值，很多投资者、企业家疯狂抛售卢布再买入美元，致使汇率也出现了急剧贬值。但是，美国不存在这样的货币错配问题，更不存在赖债的问题，因为印发美元就可以还外债了。

美联储前主席本·伯南克、艾伦·格林斯潘曾明确表示美国不会赖债。毕竟印发一张面值为 100 美元的钞票的成本才 4 分钱，美国可以印发大量的美元来还债。

第五个机制就是美国控制了全球金融最主要的交易结算体系。比如 SWIFT（环球银行间金融通信协会）银行结算系统，就是以美国为主导、欧盟参与的国际金融交易结算体系。因为美国掌握了这个金融交易结算体系，所以它就掌握了全球主要金融机构和企业的全部交易信息，并可以对其他国家实施货币金融制裁，如前些年对利比亚的金融制裁，以及现在对伊朗的金融制裁。

当俄罗斯和乌克兰未能友好解决彼此的领土纠纷时，美国和欧盟曾威胁俄罗斯，称要对其实施金融制裁。曾经有一个说法，就是美国要把俄罗斯从SWIFT银行结算系统清除。

> 无论我国的金融市场多么庞大，那也是不够的。美国可以通过操纵汇率达到“剪羊毛”的效果。

1999年，欧元诞生。欧盟国家创立欧元区的主要目的就是减少对美元霸权的依赖。英国知名财经记者戴维·马什写了一本关于欧元诞生历史的书——《欧元的故事》，书中有很多非常精彩的故事。

坦率地说，中国推进人民币的国际化，也是希望减少对美元霸权的依赖。这当然是一个长期和艰巨的任务，但是我们必须要做好这方面的准备，我们必须有这样的战略布局。

所以，美国外交和军事战略的核心目标之一，就是维持和增强美元的国际地位、美国国际金融市场的国际竞争力（美国始终都会这样）。伯南克多次宣称，维持美元的国际地位对美国至关重要。

美国已故的著名政治战略家、哈佛大学知名教授塞缪尔·亨廷顿写过一本名著——《文明的冲突与世界秩序的重建》。书中列举了西方文明能够影响世界的十四个原因，其中有三个原因与金融有关：第一，西方文明拥有和操纵着国际金融系统；第二，西方文明控制着所有的硬通货；第三，西方文明主宰着国际资本市场。

所以我们需要深刻认识到，无论我国的金融市场多么庞大，那也是不够的。美国可以通过操纵汇率达到“剪羊毛”的效果。为了避免“被剪羊毛”的宿命，我们唯一的办法就是提升我国金融业的国际竞争力！

第 5 章

黑天鹅、灰犀牛和明斯基时刻

第 1 节　守住金融风险的底线

在 2017 年全国金融工作会议召开的前夕，中共中央政治局常委要求金融部门的负责人系统汇报金融风险问题。

2017 年全国金融工作会议强调，防范和化解金融风险、防止发生系统性的金融危机，是所有金融工作的重中之重。2018 年、2019 年的中央经济工作会议都强调要打好三大攻坚战。而三大攻坚战之首就是防范和化解各类重大风险，其中最主要的风险就是金融风险。那么中国的金融风险究竟有多么严重？

我想引用中国人民银行前行长周小川的文章——《守住不发生系统性金融风险的底线》中的观点，来回答这个问题。

他在文章中写道："2016 年年末，我国宏观杠杆率为 247%，其中企业部门杠杆率达到了 165%，高于国际警戒线，部分国有企业债务风险突出，‘僵尸企业’市场出清迟缓。一些地方政府也以各类‘名股实债’和购买服务等方式加杠杆。2015年年中的股市异常波动，以及一些城市出现房地产价格泡沫化，就与场外配资、债券结构化嵌套和房地产信贷过快发展等加杠杆行为直接相关。”

在金融机构信用风险的微观层面上，债券市场的信用违约事件明显增加。周小川说：“当前和今后一个时期，我国金融领域尚处在风险易发高发期。在国内外多重因素压力下，风险点多面广，呈现隐蔽性、复杂性、突发性、传染性、危害性特点，结构失衡问题突出，违法违规乱象丛生，潜在风险和隐患正在累积，脆弱性明显上升。既要防止‘黑天鹅’事件发生，也要防止‘灰犀牛’风险发生。”

周小川用到两个词，一个是黑天鹅，一个是灰犀牛。黑天鹅是指小概率高风险事件，没有预料到的突发事件或问题。灰犀牛是指大概率高风险事件，有预兆却因未得到足够重视而导致严重后果的事件或问题。2015年年中，我国股市出现了剧烈波动，很多人称之为股灾。这个股灾其实已经给我们敲响了警钟，我们称之为黑天鹅或者灰犀牛均可。当时，我国金融确实面临着出现明斯基时刻的极大可能性。关于明斯基时刻，我会在之后的章节评述。

周小川系统阐述了中国金融风险的几个特点。文中的隐蔽性、复杂性、突发性、传染性、危害性，以及黑天鹅、灰犀牛、明斯基时刻等，都是与金融风险有关的专业词汇。

具体来讲，我国有五大金融风险，且每个风险都是极难被化解的，因此，我国面临非常严峻的挑战。

第一个金融风险是我国经济的高杠杆风险。杠杆率就是一个国家的总负债与 GDP 的比值。247% 是一个非常高的杠杆率水平。

周小川曾提到我国企业部门杠杆率达到了 165%，而很多研究机构估算的杠杆率更高。

首先，非金融企业负债太高。许多企业通过负债、银行借款及其他融资渠道实现了资产的快速扩张。频繁发生在企业身上的债务“爆雷”事件主要是由无法按时偿付公开发行的债券导致的。不能按时归还银行贷款本息的企业则更多。

地方政府债务规模庞大是不争的事实。

其次，地方政府的负债也很高。前些年，审计署对地方债务有过审计，当时公布的债务规模大概是18万亿元。但是全国人大财经委的一位副主任委员也提到，地方政府债务的实际规模至少是40万亿元。这是审计署统计数据的好几倍。地方政府债务到底有多大的规模？似乎没有人能说清楚。因为除了一些直接债务（以政府名义借的钱）和公开发行的债券以外，地方政府还有很多隐性债务。地方政府的融资平台、地方国有企业等，都有大量负债。

地方政府债务规模庞大是不争的事实。近年来的中央经济工作会议一再强调要防范化解金融风险，实行地方政府债务限额管理。这充分说明地方政府债务的潜在风险是不容忽视的。

最后，居民家庭的负债也在快速增加。这些年，很多人借钱买房子。2016 年至今的短短三年间，居民购房杠杆率迅猛增长。据不完全统计，居民购房杠杆率——居民购房负债总额与 GDP 之比——已经超过 40%。

在非金融企业杠杆率、政府部门杠杆率、家庭部门杠杆率不断增加的同时，整体的金融风险也在增加。高杠杆率已经成为中国金融风险的一个爆发点。主要表现就是企业债务违约风险快速增加。譬如，2018 年，123 只债券违约，违约金额达到 1 198.51 亿元。违约债券数量比前 4 年（2014 年—2017 年）的违约债券数量的总和（122 只）还要多；违约金额比前 4 年违约金额的总和（859.85 亿元）还要多。

2019 年，我国的债券市场形势依然不容乐观。2019 年开年，我国债券市场就出现了 10 只违约债券。

各种金融债券将在2019年年底到期，加上2019年年内发行的信用债，偿还总量将超过6万亿元，相比2018年的5.34万亿元，偿还总量增长15%左右，创历年新高。

第二个金融风险是“影子银行”的套利风险。“影子银行”有很多套利业务，如关联套利、监管套利、欠套套利、汇率套利、利差套利等，套利的本质就是金融机构的资金自我循环，自娱自乐，脱实向虚。2017年以来，“影子银行”的风险日益加剧。监管部门也加强了对“影子银行”业务的监管。

第三个金融风险是金融诈骗风险。如今，各种金融诈骗团伙横行无忌，新闻报道的金融诈骗案的涉案金额动辄数百亿元甚至数千亿元，受害人数从十万、百万到千万。金融诈骗所引发的金融危害是非常巨大的。譬如，自2017年以来，金融市场的P2P骗局层出不穷，据不完全统计，这些骗局的涉案金额高达数千亿元（实际金额可能是上万亿元），受害人数高达数千万。

第四个金融风险是房地产泡沫风险。房地产泡沫风险通常由银行来承担。所以有人说："房地产绑架了中国经济。"这句话是有些道理的。因为在房地产贷款投放未得到合理控制的情况下，一旦房地产价格出现剧烈波动，银行的不良贷款将堆积如山。这也是为什么中央政府一再强调"房子是用来住的，不是用来炒的"。因为如果房价继续上涨，那么风险将会越来越大。

第五个金融风险是资本流动风险。例如，因人民币持续贬值而诱发的非法资本外流。我在前面反复提到，我们要加强对资本账户的管理。因为一旦出现大规模的资本外流，我们的汇率市场就面临较大波动风险。这种波动会导致金融市场恐慌情绪蔓延。

我们能否守住底线，防范黑天鹅、灰犀牛、明斯基时刻的出现？我想这是每个金融从业人员，甚至普通老百姓都非常关心的事。我们需要高度警惕、高度关注、深入研究。在我们的企业经营和投资活动中，我们要尽量采取措施防范风险。譬如，企业和家庭都要控制杠杆率（很多经营不错的企业最终被高杠杆击倒）。

因此，守住不发生系统性金融风险的底线，确实是我们的头等大事。

第 2 节　会不会出现明斯基时刻

什么是明斯基时刻？明斯基是一个人的名字，这个人的全名是海曼 · P. 明斯基，他是美国的一位经济学家，已于几十年前去世。明斯基研究宏观经济、货币政策、金融市场。他著有《凯恩斯〈通论〉新释》，是一本重新阐释凯恩斯经济学的著作。他认为一部分主流经济学家完全误解了凯恩斯的思想。明斯基和英国剑桥大学一位有名的女性经济学家琼 · 罗宾逊夫人一样，将盛行的“凯恩斯经济学解读”称为“杂种凯恩斯经济学”，认为它抹杀了凯恩斯的《就业、利息和货币通论》的真正贡献。

明斯基认为，凯恩斯经济学的核心理念是深刻认识金融市场的内在不稳定性，而金融市场的内在不稳定性则来自人性的非理性。凯恩斯在《就业、利息和货币通论》中写道：“除了投机所造成的经济上的不稳定性以外，人类本性的特点也会造成不稳定性，……我们的大多数决策很可能起源于动物的本能……”也就是说，我们做很多事情之前都没有经过慎重的考虑和精确的计算。我们并不是像新古典经济学所假设的那样，人人都是理性经济人，人人都能够计算效用并实现效用最大化。以谈恋爱为例，你可能会对一个人一见钟情，这样的行为怎么可能是理性的行为呢？

当然，也许你认为谈恋爱不是经济行为，因此它是不理性的行为也很正常。但人们的经济行为就都是理性行为吗？其实也不是。

譬如，很多人在投资股票之前，根本就不了解股市。特别是那些散户投资者，他们往往都是听信某一个朋友的小道消息，或者相信那些专家荐股的电视节目，然后做出投资决定。这就是股票投资中的“羊群效应”。

美国另外一位著名的经济学家、麻省理工学院教授查尔斯·P. 金德尔伯格，曾经详细研究金融危机史，并出版了一本书——《疯狂、惊恐和崩溃》。

2008 年的美国股民和 2015 年的中国股民都体验过

从疯狂、惊恐到崩溃的全过程。金融危机的内在规律其实就是人性的内在规律。

明斯基通过对金融市场的内在不稳定性的研究，提出一个内在不稳定性的极端情况：所有的市场投资者，甚至包括所有的老百姓，对整个金融市场完全丧失信心；所有人都希望把资产（包括股票、债券等）换成现金，藏在床下或者保险柜里；所有人都不再相信银行、不再相信基金公司、不再相信保险公司等金融机构。人们只想迅速逃离。

这种极端的金融恐慌被称为“明斯基时刻”。所以，明斯基时刻代表了金融危机的极端情形。

那么历史上有没有出现过明斯基时刻？当然出现过。1929 年，美股崩盘。随后的两年内，美国连续出现了大规模的企业破产、银行和金融机构垮台的现象。这就是典型的明斯基时刻。

当时的美国投资者对金融市场完全丧失信心。他们愿意不计成本地以任何价格卖出股票和债券，换回现金。所有人都在银行门口彻夜排队，渴望取出存款放在家里，因为只有这样，他们才会觉得安心。可以说，当时的美国完全被笼罩在一种极端的金融恐慌之中。

这种极端的金融恐慌不仅导致那些资本充足率处于较低水平、经营不稳健的金融机构破产，甚至连经营很稳健的金融机构也都纷纷破产。这就是银行挤兑。银行挤兑也是一种明斯基时刻。

美国经济学家米尔顿·弗里德曼和美国经济史学家安娜·J. 施瓦茨一起写过一本书《美国货币史（1867—1960）》，书中详细阐述了1929年股市崩盘后美国货币市场出现的极端恐慌的情况——所有人都急于手持现金，不再相信商业银行。

第二次典型的明斯基时刻就是2008年美国出现的金融危机。美国金融危机后来引发了全球金融危机。美国财政部前部长亨利·保尔森曾在众议院前议长南希·佩洛西面前单膝下跪，恳求她马上召开众议院紧急会议，通过一个挽救美国金融市场的紧急救助法案，因为包括花旗、摩根大通、高盛、摩根士丹利在内的大型金融机构都因这次金融危机的负面影响而濒临破产。

这种典型的明斯基时刻意味着所有的投资者、储蓄者对金融市场不再有任何信心，大家只相信手持的现金。这种明斯基时刻在保尔森的回忆录里也有记载，他详细描述了金融危机的细节。

后来，美国财政部前部长蒂莫西·盖特纳也写了一本回忆录。他提到，当时美国金融市场承受着这种极端的金融恐慌带来的巨大压力。无奈之下，美国通过宣布进入国家紧急状态，挽救了金融市场。所以这种明斯基时刻是非常可怕的。

2015 年的中国股灾也出现了明斯基时刻的端倪，但还没有完全呈现明斯基时刻的态势。很多人对 2015 年的股灾记忆犹新。当时，几乎每天都出现 1 000 多只股票同时跌停，很多人想卖股票卖不出去，想赎回基金赎不回来。

虽然明斯基时刻意味着金融极端恐慌现象的到来，

但实际上，这种金融极端恐慌现象在其他时间也会出现。比如，中国在 2013 年就出现过“钱荒”，银行间同业拆借市场的隔夜拆借利率瞬间飙升到 30%，而正常的隔夜拆借利率范围是 3.5%~4%。因为很多金融机构本来有充足的资金，却因担心违约而不愿意拆借，进而导致利率飙升，引发了大批企业破产。

因此，中国也应为可能出现的明斯基时刻做好充分准备。事实上，中国人民银行前行长周小川曾多次提到中国有可能出现明斯基时刻。此外，中国著名经济学家、社科院前副院长李扬也曾发表了一篇长文，要大家高度警惕可能会发生的金融极度恐慌，即明斯基时刻。

中国之所以可能出现明斯基时刻，主要有三个方面的原因：一是实体经济面临持续的下行压力，经济下行对那些高杠杆企业经营能力以及地方政府的偿债能力都将构成巨大的挑战；二是随着经济持续下行，债务违约不断增加，整体的社会融资环境将会持续偏紧；三是我们现在已经出现越来越多的企业债务违约情况，即所谓的“债务爆雷”，一旦债务违约引发连锁反应，就有可能触发系统性金融危机。

> 一旦债务违约引发连锁反应，就有可能触发系统性金融危机。

而明斯基时刻的出现受三大风险影响。第一大风险是股票市场风险。对于中国的广大股民，特别是中小投资者来说，一提起股市，他们都会感到头疼、沮丧，甚至伤心、愤怒。中国经济有几个难以解释的悖论一直让经济学者很困惑。其中最主要的一个悖论就是股市为什么会保持多年萎靡不振的状态。

这些年，我们的宏观经济形势总是看起来稳中向好、稳中有进，各种宏观经济数据也很不错，可唯独股市的表现一直令人沮丧。

自 2015 年以来，中国股市一直萎靡不振，且主要股票指数的下降幅度曾超过 50%（从 2015 年股灾前的最高点 5 100 点算起）。反观同期的美国、德国等国家的股市，其上涨幅度甚至超过了 100%。尤其是美国，我们可以看到特朗普执政以来，美国股市的上涨幅度一直保持在超过 50% 的水平。从 2008 年全球金融危机算起，美国股市实现了超过 4 倍的上涨！道琼斯指数从最低的 6 000 多点一直上涨到 26 000 多点。

2018 年，我遇到 2004 年诺贝尔经济学奖得主爱德华·普雷斯科特教授，他说："特朗普当选总统以后，很多人预测美国股市可能会下跌，因为特朗普公布的各项政策似乎违背常理。但我认为股市会上涨。不过，我对美国股市在一年之内上涨 7% 的估计太过保守。事实是特朗普上台一年，美国股市的上涨就超过了 30%。"

美国股市的持续上涨是有经济基本面支撑的。美国总统特朗普上台后，他发布了很多在国内有极高支持率的经济政策。他的减税政策、美国优先政策、重振制造业政策等，都在推动美国经济持续增长方面发挥了极大的作用。

反观中国股市，宏观经济的稳中向好、稳中有进并未对股市产生积极影响。为什么会出现这样的情况？这是一个值得深究的问题。其原因有很多，我在这里不再展开说。我想强调，尽管股市已下跌了 50%，但市场风险并没有得到完全释放。

股市潜在的“雷”仍然是股权质押。未来的中国股市出现股灾的可能性依然很大。如果股市持续下跌，那么很多股票质押盘就将面临爆仓的风险，甚至要被强行平仓。此外，股民的投资风险也会快速加大，极有可能诱发明斯基时刻。

> 股票市场始终是金融风险的一个引爆点。

而 2019 年中国股市的短期上涨是靠资金爆炒实现的。很多上市公司根本没有利润，甚至严重亏损，但股价连创新高，甚至亏损越多，涨幅越高。这种靠投机资金短期炒作形成的所谓牛市，迟早会酿成 2015 年那样的股灾。

所以股票市场始终是金融风险的一个引爆点。如果股市低迷，那么很多事情就很难或无法实现，如我们期望的创新驱动发展、经济转型升级、增长方式转变等，都很难实现。

在股市基础制度没有得到根本改变、企业利润没有得到大幅改善的情况下，投机炒作只会诱发金融风险。

第二大风险是房地产市场风险。房地产市场也存在一个悖论，即一方面中央政府不希望房价过快上涨（至少我认为这个决策是正确的），而另一方面地方政府希望房价上涨（房价上涨可带动地价上涨，进而可扩充地方财政收入）。事实上，很多地方政府依靠土地出让金收入负担财政支出。这样就造成了房价既不应该快速上涨，也不应该总是下跌的悖论。

2018 年，经济开始下行，政府立即放松了货币政策。人民银行连续多次降准，释放出大量的流通中现金。如果我们给流通中现金乘以货币乘数，那么我们得到的数据将是一个天文数字。比如，2019 年一季度的银行贷款规模和社会融资规模都分别创造了一个天文数字。一季度的社会融资规模达到 8.18 万亿元，银行贷款规模达到 6.39 万亿元。很多人说："看来经济增长还得依靠房地产市场，房价又开始出现上涨迹象了。"我们一方面不希望房价快速上涨，另一方面又放松货币政策，这不是很矛盾吗？实际上，房价越快上涨，累积的风险就越大。与中国房地产相关的数据有很多。据不完全统计，房地产为中国家庭或者老百姓带来的财富占总财富的比例高达 80%（这个占比可能处于世界最高水平）。财富包括三大类：房地产、银行存款和金融资产。虽然房地产在中国总财富中的占比很高，但这也意味着中国房地产市场蕴含着巨大的风险。比如，如果大家都选择不持有现金、投资房地产，那么当投资者需要将房产变现的时候，谁能来接盘呢？这就是很多地方的二手房成交量很低的原因。

在一个经济结构比较均衡的国家，房地产在全部居民财富里面所占的比例一般是 30%，再高也不会超过 40%。比如美国的这个比例是 28%，而我们却已高达 80%。

很多人因对股市没有信心而去投资房地产。地方政府和房地产开发商当然很高兴，因为这些投资让"土地财政”还可以维持几年。但是，这是不可持续的。因为总有一天，投资者需要变现房产以满足其他需求（如上学、就医等）。当你急需卖掉房子的时候，你还能保证房价不下跌吗?

据统计，我国的房地产市值已经是GDP的4倍。美国在2008年金融危机的时候，房地产市值占GDP的比例也不过刚刚超过100%。20世纪90年代，日本的房地产泡沫破灭，房地产市值占GDP的比例也不到300%。可见，我国房地产市场存在巨大的风险!

能否化解这个风险，决定了我们未来是否能够避免明斯基时刻的出现。因为超过70%的银行贷款都是用房地产做抵押的。一旦出现房地产价格急剧下降，后果真的不堪设想。

第三大风险是人民币汇率波动风险。2006年以来，中国人民银行、国家外汇管理局共同采取有力措施，有效缓解了人民币贬值压力，对资本账户也实现了审慎的有效管理。

> 预期的改变极有可能引发大量资本外流，进而可能让金融稳定风险加剧，甚至触发明斯基时刻。

但是我们要清楚，当人民币汇率经历一段时间的快速升值后，一旦有风吹草动，它就会出现连续下跌。如果汇率出现急剧贬值，那么会不会导致大量资本外流呢？这应该引起我们高度关注。我们当然希望人民币汇率能够在合理均衡水平上保持基本稳定。

尽管如此，由于汇率政策、货币政策的改变，以及实体经济存在下行压力，人们对资本市场的预期也会随之发生改变。预期的改变极有可能引发大量资本外流，进而可能让金融稳定风险加剧，甚至触发明斯基时刻。

所以，中国能否避免出现明斯基时刻，就要看各项具体经济政策是否能够真正起作用。因为只有在正确的政策引导下，我们才能有效遏制金融风险的累积，防止中国出现明斯基时刻。

第 3 节　金融风险为何急剧上升

中国的金融风险为什么会急剧上升？这种金融风险的急剧上升反映了中国经济结构存在的哪些根本性缺陷？

在过去的十多年中，中国金融风险快速累积的原因非常复杂。但简要说起来，我认为中国金融风险的累积是由经济增长方式决定的。

中国金融风险的累积是由经济增长方式决定的。

过去这些年，中国的经济增长方式主要是外延式的数量扩张。靠什么来扩张呢？就是靠加杠杆、借钱、债务累积。

我国这些年的宏观经济政策，就是一个总量刺激政策。总量刺激政策就是通过宽松的货币政策、财政政策，不断加杠杆、增加债务，来单纯追求 GDP 增速。

虽然我们深知这种增长方式不可持续，但每当遇到经济下行的压力时，我们还是会马上实施总量刺激政策。

单纯追求 GDP 增速的一个必然结果就是产能过剩。

所以过去几年，中央反复强调要实施“三去一降一补”的供给侧结构性改革，即“去产能、去库存、去杠杆、降成本、补短板”。去产能和去库存可以帮助企业解决产能过剩的问题。去杠杆可以帮助企业解决负债过高的问题。

我们的很多企业，特别是大型国有企业的负债总额动辄数百亿元甚至数千亿元。国企领导特别看重资产规模的扩张，因为资产规模是他们的考核指标，也决定了他们是正局级还是副部级，等等。这就是企业频繁负债、扩张资产规模的原始动力。

以钢铁企业为例。很多钢铁企业负债数百亿元甚至数千亿元。几年前，权威部门曾发布了一组统计数据，中国 86 家钢铁企业的总负债已超过 3 万亿元，并接近 3.5 万亿元。细想一下，企业怎么可能有能力偿还如此庞大的债务？

企业之所以有高额的债务是因为我们过去在宏观经济政策的导向上和基本方针上出现了严重偏差。我们只是单纯追求粗放式扩张，而粗放式扩张就需要依靠高杠杆。政府官员都清楚，追求 GDP 增速的最简单的办法就是承接大项目并积极融资。

这就是地方政府和大型国有企业疯狂融资的原因。但这也造成了今天的尴尬局面：一方面，很多行业出现产能过剩；另一方面，我们没能掌握高精尖技术，且金融风险越累积越严重。

依靠借债实现的产能扩张是一种低水平的粗放式扩张，就更谈不上实现经济的高质量发展了。

依靠借债实现的产能扩张是一种低水平的粗放式扩张，就更谈不上实现经济的高质量发展了。虽然我国钢铁行业的产能位居世界第一，但最尖端钢材还要全部依靠进口。我国在半导体行业的投资高达上万亿元，却没能缩短与发达国家在半导体技术上的差距。靠疯狂借债不可能实现经济的高质量发展，也不可能解决核心技术难题。

回到货币政策。我国没有独立的货币政策，它只是政府调控宏观经济的工具——刺激经济和防止经济衰退。货币政策总是需要服从于政府目标，哪怕是短期目标。

如果我国有独立的货币政策，那么企业、政府的扩张计划就没那么容易实现了。

过去10年，我国的货币供应量高速扩张。2009年，M2（广义货币）增速最高，达到27.7%，最低的一年（2017年）也达到12.5%。M2总量从不到40万亿元急剧增长到超过160万亿元。M2与GDP的比例也早已超过200%，居于世界最高水平。M0（流通中现金）在过去10年中，其增长也超过了十倍。中国经济的流动性始终处于宽松状态。在世界历史上，如此高速的M2增长实属罕见。

现在我国 M2 的存量已经非常庞大（早已超过 180 万亿元）。因为 M2 拥有如此庞大的基数，所以哪怕它只增长 1%，也是增长了 1.8 万亿元，增长 10% 就是增长了 18 万亿元。处于宽松状态的流动性让货币的扩张规模变得非常惊人，且社会融资规模也在快速增长。

这些年，商业银行每年的新增贷款额都超过 10 万亿元，每年的社会融资总额新增量都超过 15 万亿元。所以我们可以看到，商业银行的资产规模在飞速扩张，商业银行的资产总规模已超过 260 万亿元。

我在前面也提到，美联储在 2008 年金融危机之后，资产规模也出现大幅扩张，这是伯南克实施量化宽松货币政策的结果。实际上，中国人民银行的资产扩张速度一点也不亚于美联储的资产扩张速度。正是在这样的大背景下，我国经济的杠杆率大幅飙升。

所以，摆在我们面前的问题是，面对经济下行的压力，我国应该如何调整货币政策？我们是否应该痛下决心，真正掌控货币洪水流经的闸门？还是应该为了短期的增长目标，继续实施宽松的货币政策？

2018 年以来，央行连续降准，很多人将这些降准举措解读为“我国即将放松货币政策”。要知道，在央行的货币政策工具中，降低存款准备金这个工具通常不被频繁使用。因为它是一剂猛药，它直接释放 M0，与调节利率、再贴现率大不相同。每次央行降准以后，就会有一个所谓的“降准降息定律”在市场中流传，这多少有点儿调侃的意思。但从这个定律中，我们也能看到如今的货币政策面临的两难困境。

市场上流传的降准降息定律的内容如下：第一，降准降息本不会影响货币政策稳健的基调，但事实却并非如此；第二，降准降息本是为了解决中小微企业融资难、融资贵的问题，但最终中小微企业基本无法受益；第三，降准降息本会令股市亢奋，但股市从来没有因此而由熊市转为牛市；第四，降准降息本与房地产企业无关，但最大的受益方总是房地产企业。

可见，中国的货币政策确实面临两难困境。国家每次放的“水”都流到了国有企业、房地产企业，真正流到中小微企业的“水”却很少。

然而货币政策一旦紧缩，首先受到冲击的就是中小微企业。如果这样的格局一直不变，那么我国的货币政策会一直面临两难困境。我们想紧缩，可却达不到紧缩的效果；我们想放松，可是放松的实际效果却不是我们想要的效果。

第6章

回归金融本质

第 1 节　破解两难困境

我在前文提到了货币政策面临的两难困境。货币政策希望达到的效果往往难以实现，比如支持中小微企业融资的举措达不到预期效果；而我们不希望看到的结果却很容易出现，比如房地产价格的暴涨、“影子银行”的套利业务等。这是为什么呢？这里有两个重要原因。第一个原因就是，货币政策传导机制不够完善。譬如人们如今习惯称呼中国人民银行为“央妈”，央妈的职责就是调节货币和信贷。那么，央妈可以控制货币洪水流经的闸门吗？闸门是松还是紧？水往哪里流？怎么流？是流到实体经济那一片土壤里去了，还是流到虚拟经济的那一片土壤里去了？这就是货币政策传导机制。

遗憾的是，在今天这么复杂的金融体系中，货币洪水怎么流、流到哪里去，并不完全由央妈决定。央妈看起来神通广大，其实也不是无所不能的。央妈也有做不到的事情，也有自己的苦恼。

货币政策传导机制与资本市场的监管，商业银行的治理机制、激励机制、管理体制，都有非常密切的关系。因此，这些复杂因素导致央妈失去了决定权。

第二个原因就是，我们对货币政策的实施效果的期望值太高，这种思想也被称为“货币万能主义”。只要经济遇到下行压力，我们首先就会想到实施宽松的货币政策，因为这个方法最具有可操作性。货币万能主义把货币政策当成了万能药。关于这一点，全世界都一样。结构改革很难，技术创新很慢，提高生产率非一日之功，所以政策决策者自然而然就想到了实施宽松的货币政策。

所以我将这种现象称为“货币政策难以承受之重”。货币政策其实实现不了那么多目标，但是我们却非要赋予它那么多功能。

我在前文中提到，大型国有企业占用的信贷资金超过了 85%，而房地产企业占用的信贷资金达到了 42%。

这意味着资金都流向了大型国有企业和房地产企业。为什么资金流向如此单一呢？这就涉及经济制度和体制机制的深层次问题了，也涉及银行和企业的核心经营理念问题。

第一个问题是，我国银行体系由国家主导。国有银行是国家的，因此要优先支持国有企业投资或政府投资。虽然为了增效益、扩规模或防风险，国有银行在管理体制机制上做了很多的改革和调整，但其核心原则依然没有改变——优先甚至无条件支持国有企业投资或政府投资。无论是国有银行的行长，还是普通工作人员，他们都有一种潜意识——贷款给国有企业没有风险。

相比之下，银行非常担心民营企业出现坏账。这种潜意识听起来的确荒谬。为什么不能对国有企业和民营企业一视同仁？即使国家已明文规定银行要对所有企业都一视同仁，但银行却从未做到。

事实上，国有企业的贷款额度基本不会受到限制。因为国有企业有国家担保，不会像民营企业一样，可能出现破产、跑路的情况。这就是银行愿意批准国有企业贷款，不愿意批准民营企业贷款的原因。

这当然是我国经济制度和体制机制存在的一大问题。我国的国有企业、民营企业没有站在同一个竞争起跑线上。国有企业拥有很多特权，有些是明文规定的特权，还有一些是没有明文规定的特权，这是一个不争的事实。如果我们不积极寻求改变，那么国有企业必定继续占用庞大的信贷资源。譬如 2018 年，多家国有银行联合向我国大型国有企业——长春第一汽车制造厂——授信超过万亿元!

而国有企业创造的 GDP、财政收入、就业岗位可能分别只有“321”。也就是说，国有企业创造了 30% 的 GDP，创造了 20% 的财政收入，创造了 10% 的就业岗位。民营企业创造的 GDP、财政收入、就业岗位却分别是“789”，即创造了 70% 的 GDP、80% 的财政收入、90% 的就业岗位。还有人认为民营企业创造了 50% 的财政收入、60% 的 GDP、70% 的技术创新、80% 的城镇劳动就业、90% 的新增就业和新增企业。

这充分说明国有企业的资金使用效率非常低。这是我国金融业在发展过程中的一种非常不正常的现象。因此，我国经济制度和体制机制的深层次问题亟待解决。

第二个问题是，我国商业银行的经营理念依然非常陈旧，特别是发放贷款需要担保和抵押的理念非常陈旧。陈旧之处在于商业银行发放贷款只认准有没有担保和抵押，且最好的抵押物是房子和土地。而高科技企业、中小微企业却没有房子和土地可做抵押。有大量房子和土地的企业只能是大型国有企业。

房地产企业之所以能够占用 42% 的信贷资金，正是因为它有房子和土地做抵押。在这样的体制机制下，我们没有办法解决信贷资源分配的严重失衡问题，也没有办法解决货币政策的两难困境问题。

因此，降息降准政策最终让国有企业和房地产企业受益。而改变这个现状将面临重重困难。

再看看中国的经济结构。我国有 3 000 多家上市公司，这些上市公司 2017 年的净利润约为 3.3 万亿元，其中的 25 家上市银行和几十家房地产上市公司的净利润就占全部净利润的 60% 以上。而其他上市公司的净利润的占比连 40% 都不到。

中央领导人也多次强调，我国的虚拟经济和实体经济之间存在严重失衡。

> 问题的根源在于我们未能打破体制机制的束缚，未能改变陈旧的经营理念。

有人把这种失衡归咎于货币政策，货币政策当然难辞其咎。但问题的根源在于我们未能打破体制机制的束缚，未能改变陈旧的经营理念。

此外，随着金融市场的扩大，货币政策传导机制也发生了根本性的变化。虚拟经济的规模越来越大，金融市场与实体经济日益脱节。所以，如今的 M0、M1（狭义货币）、M2，都很难准确地衡量实体经济的实际运行状况，就连 CPI（居民消费价格指数）也很难准确地衡量真实的通货膨胀水平。而金融机构的金融创新往往导致流动性泛滥，因为它通过各种金融链条创造出了新的流动性和新的广义货币。实际上，央行应采取多项举措，疏通货币政策传导机制。

所以，金融市场在很大程度上影响货币政策。金融市场就像一个坏孩子，这个坏孩子往往会迫使央妈放水。尤其当遇到钱荒的时候，央妈总是不得不放水。而金融市场的流动性越大，金融风险就越大；金融链条越长，金融创新、金融产品之间的关系越复杂，金融风险就越大。当金融危机爆发的时候，央行作为维护金融市场稳定的主要监管机构，就必须想办法创造流动性。这就是金融市场倒逼央行创造流动性。

央行缓解金融危机的主要办法就是实施宽松的货币政策。好在这些年，央行优化了货币政策工具箱，灵活运用了多种货币政策创新工具。比如，SLF（常备借贷便利）、MLF（中期借贷便利）等。虽然这些创新工具能有效提升央行的流动性管理能力，但依然不能解决体制机制内的深层次矛盾。

所以，我国要想真正实现稳健的货币政策，并有力支持实体经济，就必须对体制机制进行全面改革！

未来，我们需要对体制机制进行彻底改革。因为没有这些改革，货币政策将永远陷入两难困境。

第 2 节　为何脱实向虚

中国经济目前面临的最大问题是脱实向虚。2017 年全国金融工作会议提出了金融“回归本源”的原则，为实体经济服务是金融的天职。我国必须采取措施促进经济脱虚向实，必须遏制经济脱实向虚的势头。

什么是脱实向虚？就是越来越多的企业不再专注于产品质量的提高和技术的进步，而是忙于从事金融活动。

脱实向虚也是世界经济几十年来一直存在的一个普遍现象，包括美国、英国在内的很多国家都出现过这样的情况。它的具体表现就是金融业快速增长，各类金融资产的增长速度远远超过 GDP 增速。无论是传统的金融产品还是衍生的金融产品，都出现了高速增长。

然而，在虚拟经济过度膨胀的同时，真正的实体经济的发展却非常缓慢。尽管美国是全球最主要的科技创新国家、世界第一大经济体，但是美国经济也存在着严重的脱实向虚的现象。英国同样出现过类似的情况。而德国的经济基本没有脱实向虚的现象出现。德国尤其专注高端制造业，德国人从来不参与金融投机和房地产炒作。

我在2014年出版的专著《新资本论》中，系统阐述了人类货币金融体系的演变是如何导致很多国家经济的脱实向虚的。脱实向虚导致劳动生产力增长缓慢，老百姓收入增长缓慢或下降，贫富悬殊严重，以及金融危机频繁爆发。

中国经济脱实向虚的第一个表现是，各类金融资产的投机炒作现象愈演愈烈。投机炒作的对象包括房地产、股票、大宗商品、古董、字画等。其中，房地产炒作及其价格泡沫的现象最为严重。

有人做过估算，在过去十几年，房地产行业的净资产回报率是制造业平均净资产回报率的两倍。虽然房地产本身并不属于虚拟经济，但过度炒作必然使房地产转向虚拟经济。所以中国的房地产对中国经济固然重要，但实现房地产的健康发展和整个行业的快速增长，并非只能靠房价暴涨。过去十几年来，中国房价上涨超过10倍，有些地方甚至达到数十倍，这在世界历史上也是少见的。

造成房价暴涨的原因非常复杂。房地产的政策失误，是中国经济的重大政策失误。如果我们不对其进行及时调整，那么必将积重难返。如何解决这个巨大的房地产泡沫问题，直接关系到中国经济是否能够平稳运行以及成功转型。

> 如何解决这个巨大的房地产泡沫问题，直接关系到中国经济是否能够平稳运行以及成功转型。

北京、上海、广州、深圳、杭州，以及其他城市的高房价，会对中国经济的长期增长造成严重伤害。更重要的是，高房价让所有的年轻人都没办法安心从事基础科学研究。因为这些工作的收入无法承担住房开支。而如果一个国家没有科学家，也没有科学研究成果，那么这个国家是没有前途的。

如前文所述，基础科学研究是科技创新生态体系的活力之源。如果没有基础科学研究，就不可能实现科技产业引领世界。房价高企让年轻人无心从事科研工作，很多有才华的年轻人都转行到金融行业，甚至加入了炒房大军。

这是中国经济长期面临的根本性难题。有关审计部门发现，中国上市公司所持有的投机性房产总值早已超过万亿元。很多上市公司也选择用股民的钱、IPO（首次公开募股）融资的钱、定增融资的钱去投资房地产。然而，这些钱本应被用来做实体经济或者做科研开发。

中国经济脱实向虚的第二个表现是，越来越多的非金融企业纷纷参股、控股金融机构。试问我国有几个著名的企业没有金融牌照？银行、证券、保险、信托等金融机构的牌照价格被炒到天价，无形中扩充了权力寻租空间。

根据估算，过去十年间，上市公司的融资规模在 9 万亿元左右。其中，40% 的资金被用于购买金融资产，炒作房地产、股票、期货、外汇等。这就是典型的经济脱实向虚。

我国几乎没有几个名企未涉足金融领域及房地产领域。联想是高科技企业，以电脑为主业。但联想最赚钱的业务可能不是电脑业务，而是房地产业务、金融业务。它选择投资金融、房地产项目，实在令人惋惜。

为什么我们的高科技企业不能把全部精力放在基础科学研究上？据统计，仅 2016 年一年，共有 786 家上市公司购买了银行理财产品，总共购买的理财产品数量达到 9 594 个，金额达到 8 139 亿元。上市公司数量、总购买量和总金额分别比 2015 年增长了 25%、31% 和 48%。其中，购买理财产品超过 100 亿元的上市公司有 6 家。

2016 年，理财获得的利润占公司净利润 50% 以上的上市公司有 16 家。A 股 3 000 多家上市公司中，有 1/4 的公司依靠理财和金融投资维持上市公司地位，甚至实现扭亏为盈。2016年，上市公司的融资总额达到4.6万亿元，其中的8 000多亿元完全用于购买理财产品，比例达到18%。

如果这种脱实向虚的发展势头不能得到遏制，那么中国绝不可能实现经济转型升级。

此外，在A股的3 000多家上市公司中，有多达1 300家上市公司持有投机性房产，总金额达到6 000亿元。拥有价值超过100亿元的投机性房产的上市公司有12家。真可谓不务正业。

中国还涌现出很多以金融高杠杆为主要操作手法的金融控股集团。虽然看起来这些金融控股集团的资产规模动辄数千亿元甚至数万亿元，但它们虚假注资、非法集资，甚至参与利益输送、金融诈骗，它们存在很多不合法、不合规的经营问题。

这些金融控股集团对中国经济的贡献到底在哪里？它们利用金融牌照和金融高杠杆，在短短几年时间内，将资产从几十亿元膨胀到数百亿元、数千亿元，甚至数万亿元，它们让无数本应专心从事制造业的企业跟风效仿，而它们对中国经济的贡献却非常有限。

前不久，我在一个论坛上遇到一位企业家，他就有这样的困惑。他告诉我，三年前，他出资 3 000 万元研发一个产品（汽车配件方面的产品），研发过程非常艰辛，且三年时间一晃而过，3 000 万元的本金已经所剩无几，至今也未获得任何收益；而三年前，他一个朋友用 3 000 万元去炒房，现在的账面盈利早已超过 1 亿元，资产增长了数倍。可见，经济脱实向虚对整个国民的心态，以及整个企业家群体的心态的影响是非常巨大的。

华为的企业文化和价值理念就是员工要保持长期艰苦奋斗的精神，专注于最前沿科技领域的创新。任正非的员工曾当面向他提出一个问题："我们当然非常欣赏任老板长期艰苦奋斗的理念。但是，我们辛勤工作 10 年的收入都不如别人投资一套房产的收益多。大家都不是圣人，这种差距怎么可能不影响我们的情绪呢？"

中国经济脱实向虚的第三个表现是，房地产行业和金融行业成为吸引最优秀人才的行业，也是最高薪的行业——年薪动辄数百万元，甚至数千万元。这就形成了一种社会价值导向，年轻人如何能甘心从事基础科学研究，做工程师呢？

而在基础科学研究方面，中国与美国以及其他发达国家的差距是巨大的。基础科学研究最需要年轻的科学家能够沉下心来，能够板凳甘坐十年冷。

任正非曾在接受采访时提出了“任正非之问”——中国这么大的国家，还能放下几张安静的书桌？这是一个优秀企业家的质疑和呼吁。中国需要年轻人安静下来从事基础科学研究。

中国经济脱实向虚的第四个表现是，越来越多的地方政府将所谓的“金融业增加值占 GDP 的比例”列为重要的业绩考核标准之一。很多地方政府都热衷于建立金融中心，如国际金融中心、区域金融中心等。即便无法建立区域金融中心，也要建立财富管理中心，总之这些地方政府就是要大力发展金融业。但如果金融业离开了科技创新，离开了实体经济支撑，就是无源之水、无本之木。地方政府一旦热衷于建立金融中心，其经济发展方向就会脱离真正重要的领域。

我曾参加一个论坛，某市市长很自豪地向大家宣布，金融业已经成为该市的支柱产业，金融业增加值占 GDP 的比例为 17%。也许有人认为这是了不起的成就，值得自豪。但我并不这么认为。该市是中国科研人员最集中的地区，据说也是全世界科研人员最集中的地区，科技产业不是该市的支柱产业，反而金融业成为支柱产业，这不是很奇怪吗？

难道上海、北京、广州、深圳都要成为金融中心吗？为什么这些地方政府不专注于科技创新？不专注于高精尖制造？不专注于那些卡脖子的高端技术研发？长此以往，我国如何成为全世界的科技中心？这就充分说明，我们很多政府决策者的执政理念存在很大问题。

中国经济的脱实向虚的第五个表现是，大量的资金在金融体系内部自我循环、自我空转。这也就是 2017

年全国金融工作会议上，中央强烈批评的金融业的自娱自乐现象。大量金融产品在金融体系内部循环，进行关联套利、嵌套套利、监管套利、汇率套利、币种套利等操作。有一些商业银行的利润主要来自同业拆借交易和各种套利交易。

所以2017年全国金融工作会议强调，要切实解决经济脱实向虚的问题，要切实解决实体经济融资成本高的问题。一个金融机构开发了一个产品，另一个金融机构购买这个产品，然后金融链条越拉越长，进而造成"影子银行"的规模不断膨胀。

前几年，中国各类银行理财产品的规模极速膨胀。据不完全统计，中国各类银行理财产品规模已经超过110万亿元。按照国际评级机构穆迪投资者服务公司的估算，中国"影子银行"的资产规模已经超过65万亿元。

总之，脱实向虚对中国经济至少造成了三个危害。第一个危害是金融风险的快速累积。"影子银行"、投机炒作、资产价格泡沫都是巨大的金融风险的代名词。2008年的全球金融危机就是经济脱实向虚所造成的恶果。

我的专著《新资本论》分析了过去半个世纪以来，全球经济的深刻变化——快速脱实向虚。全球经济的脱实向虚，是造成金融危机频繁爆发的最根本原因。中国经济发展到今天也面临如此局面。

第二个危害是贫富悬殊加剧。越有钱的人就越能从事金融活动，越大的企业就越能从事金融活动。农民、公务员、教师能从事金融吗？他们当然不能。从事金融活动的人都是所谓的金融大亨。

金融大亨的收入越来越高，其身价动辄数百亿元、数千亿元，甚至数万亿元，而老百姓的月收入仍然停留在两三千元的水平。所以，经济的脱实向虚会加剧贫富悬殊。

第三个危害是缺乏科技创新。个人和企业都想从事金融活动。当个人和企业把资金、精力、时间都投入虚拟经济时，怎么可能推动科技创新？

所以，如果我们不能从根本上解决中国经济脱实向虚的问题，那么中国经济的转型、增长方式的转变、科学技术的突破等目标，就很难实现。希望我们未来能够把资金、精力、时间投入基础科学研究。

第 3 节　如何脱虚向实

脱实向虚是中国经济转型升级的最大障碍。

2019 年 5 月，徐匡迪院士提出了“徐匡迪之问”，即中国没有多少数学家参与研究人工智能最核心的技术——超级算法。研究算法需要数学的辅助。这再一次说明基础科学研究是国家产业进步的源头活水。

如何促进经济脱虚向实呢？在这方面，美国、日本给我们提供了极其宝贵的经验。

我前面提到，美国经济也有脱实向虚的情况发生，其金融业呈过度发展态势。2008 年金融危机其实就是美国金融业过度发展造成的危机。所以在这之后，美国出现了“占领华尔街”的运动。这个运动后来波及全世界，它的本质就是人们对金融业过度发展的担忧和抗议。

以华尔街为代表的金融从业人员所做的工作对实体

经济基本没有什么帮助。美联储前主席保罗·沃尔克甚至认为，过去半个世纪以来，美国唯一有用的金融创新就是 ATM（自动取款机）。这个观点可能太过绝对，但他表达了美国有识之士已经对脱实向虚和金融过度发展深恶痛绝。同时，沃尔克也表达了另一个观点：金融的过度发展、自娱自乐，最终会对实体经济造成巨大伤害。

有一些国家的经济没有出现脱实向虚，代表国家就是德国。凡是关心中国经济的人都应该去研究德国模式。

为什么德国人能够数十年如一日地专注于科技研发？为什么德国人能够制造出库卡机器人、莱卡相机、奔驰汽车？为什么德国制造始终是高端制造的代名词？

当我参观中国名企的工厂时，其车间基本处于无人或者半无人状态，机械手已经可以替代人手生产产品。而工厂中负责生产的机械手、机器人都是由德国企业和日本企业制造的，如德国库卡和日本发那科生产的机械手、机器人。

德国从未涉足虚拟经济。自二战以来，德国专注于实体经济、科技创新、产品质量的提升。德国从未出现所谓的股市泡沫和房地产泡沫。

德国总理默克尔曾非常严厉地指责美国。他认为，美国金融的过度发展造成了全球金融危机，进而给全世界人民带来灾难。默克尔将“美国的资本主义”称为“赌场资本主义”。而赌场资本主义就是指经济脱实向虚。

虽然美国经济曾脱实向虚，但美国在基础科学研究领域却取得了重大的研究成果。反观中国，我们的基础科学研究能力尚不足，与美国、德国、日本、以色列差距巨大，但在这个背景下，我们仍然选择发展虚拟经济，这所造成的灾难无疑是毁灭性的，也对我国的国际竞争力造成了严重的伤害。

很多大型互联网企业进军金融业。当然，以获得更多利润为出发点，这些企业的做法似乎也无可厚非。还有很多科技企业选择从事金融活动，它们为金融创新做出了贡献，也为金融交易提供了便利。那么，从国家的整体发展的角度来看，这些变化对国家经济的影响究竟是正面的还是负面的？这是值得我们深思的问题。

我国对基础科学研究的投入不够，一定会导致科技发展的严重滞后。我们要想在基础科学研究领域取得重大突破，就需要年轻科学家们沉下心来做科研。

如果我们想实现这个目标，那么我们必须调整中国的经济政策。我们可以从几个方面着手。第一，保持战略定力。即使经济出现下行压力，也不能轻易实施宽松的货币政策。

第二，对货币政策做出必要调整。对于那些杠杆率超过一定水平的企业，我们要限制其融资。我们在这方面确实做得不够好。我们的中小微企业、高科技企业贷款困难，成本高，因为它们没有抵押和担保。我国的商业银行必须改变经营理念，不应只关注企业是否有抵押和担保，而更应关注企业的经营性现金流。因为只有这样，才能全力支持中小微企业的发展。

此外，我们应建立一个长效的房地产调控机制，稳定房地产信贷政策，真正做到禁止一些人利用信贷资金来炒作房地产；我们应建立一个长效的土地供应机制，确保房价不再继续上涨；我们应加快推进房地产税的出台与落实，让房地产资源得到有效配置。如果这些问题得不到妥善解决，那么中国经济脱实向虚的发展势头将很难得到遏制。而如果脱实向虚的发展势头得不到遏制，那么中国的经济转型升级的前景将是非常悲观的。因为经济转型升级终究需要依靠大量的年轻科学家长期从事基础科学研究。

我们只有尽快改变理念，调整经济结构，才能看到实现经济转型升级的希望。

第 7 章

治理金融乱象

第 1 节　乱象丛生的根源

面对涉及面广、影响恶劣的金融乱象，我们应对其加大治理力度，严厉打击违法违规的金融活动。下面我将介绍三类金融骗局。

第一类金融骗局是庞氏骗局。骗子们打着“金融升级”等旗号进行非法经营，而这种非法经营行为就是一场彻头彻尾的“庞氏骗局”。

庞氏骗局的特征是，依靠承诺的高额回报欺骗那些相信天上会掉馅饼的人投入资金。受骗者把大量资金投入骗子们利用人工智能和大数据搭建的互联网金融平台，希望获得巨额收益，而结果当然是血本无归。

庞氏骗局的特征是，依靠承诺的高额回报欺骗那些相信天上会掉馅饼的人投入资金。

据统计，庞氏骗局的规模越来越大。涉案金额动辄高达几十亿元、几百亿元甚至上千亿元。骗子们往往骗到一定数量的钱后，就会卷款潜逃，留下无数的受骗者悔不当初。即使这些受骗者找政府投诉维权，也通常得不到任何结果。

庞氏骗局几乎天天都在发生。前几年曝光的泛亚有色金属交易所、e 租宝等，就是这类金融骗局的典型代表。其中，e 租宝的涉案金额高达七八百亿元，受骗人数超过一百万。此外，最近曝光了不少 P2P 骗局，涉案总金额超过数千亿元。

> 人们普遍缺乏风险防范意识，包括一些受过良好教育的人都不具备这种意识。

庞氏骗局层出不穷，涉案金额越来越大，受骗人数越来越多，究其原因可能是我国的大多数投资者并不具备金融常识。前些年，南京警方成功破获一起诈骗案件，骗子们声称他们成立了一家银行，可以吸收公众存款，并出具了相关法律文件。投资者们在高利率的诱惑下投入资金，最终上当受骗，血本无归。

我起初以为这些受骗者可能都是无知群众，或者是受教育程度很低的普通群众，可后来我发现，有很多受骗者是硕士、博士。可见，人们普遍缺乏风险防范意识，包括一些受过良好教育的人都不具备这种意识。

不过，有些人信奉“富贵险中求”。他们明知道可能会受骗，却抱着侥幸心理买入那些所谓的“高收益产品”，并坚信自己接收到的不是击鼓传花的最后一棒——自己的投资资金能尽快回笼，风险由后投资的人承担。有这种想法的人上当受骗当然是活该。

除了很多投资者的风险意识淡薄以外，我们还存在监管严重缺失的问题。

如何避免上当受骗？我认为，大多数中国老百姓需要加强对金融的学习，不断拓展金融知识面。

除了很多投资者的风险意识淡薄以外，我们还存在监管严重缺失的问题。我国的金融监管制度形同虚设。

一些持续了三五年的骗局对中国经济造成的伤害是非常巨大的。从某种意义上讲，这些骗局已经严重削弱了金融监管部门的权威性和公信力，也让很多人对金融业失去了信心。

第二类金融骗局，就是有些金融机构在合法金融牌照的掩护之下，从事违法违规的金融活动。比如一些所谓的金融控股集团通过各种手段进行虚假注资。它们在实际资金只有一元的情况下，借助金融杠杆，把一元变成了几十元、几百元，并以此达到快速扩张资产的目的。

这是在合法的金融牌照的掩护之下实施的违法违规行为。现在，这些违法违规行为已经得到有效遏制。未来，违法违规的金融机构将遭到严惩。

第三类金融骗局，是一种新兴金融诈骗行为。有些人凭借比特币、区块链、ICO（区块链众筹）等新概念，诱导投资者投资。投资者亏本后，才能识破骗局。“币圈”的本质，就是一种金融诈骗。无数人参与其中，就连一些名人或受过良好教育的人也不例外。

比特币、区块链、币圈的疯狂炒作让无数人参与其中，如痴如醉，如梦如幻。这也从一个侧面说明了中国经济处于脱实向虚的状态，大家都想赚大钱、赚快钱，没有多少人愿意踏踏实实做事，辛辛苦苦赚钱。巨大的财富效应让著名大学毕业的硕士和博士都加入了币圈。

我们很难将它定义为一个简单的庞氏骗局。因为毕竟虚拟货币的发展前景的确乐观。但这并不等于我们每个人都有权利发行虚拟货币。从某种意义上讲，打着区块链旗号大肆行骗的行为，已经严重扰乱了金融秩序。

有人将这种金融诈骗行为称为“割韭菜”，并将其分成几个层次。

第一个层次是，币圈里最高级的骗子会搭建一个平台，并忽悠很多人进入平台，赚到足够多的钱后，就卷款走人。

第二个层次是，某些名人、意见领袖给那些“割韭菜”的平台站台，帮助平台忽悠人，充当帮凶，并借机也赚点钱。很可悲的是，一些所谓的经济学家也会参与到这个骗局中来，还很享受其中，到处招摇撞骗，忽悠老百姓。

第三个层次是，平民或者被“割韭菜”的可怜人，他们不明真相却疯狂投身币圈，结果自己成为“韭菜”被割掉。血本无归，欲哭无泪。

金融乱象的治理对未来金融的稳定发展非常重要。这是一项极其艰巨的任务。

金融监管部门应加强对这些金融机构的监管。因为这些骗局引发的金融风险也会蔓延到其他领域，更重要的是它会使金融环境恶化，影响和谐的金融氛围。

英国著名的《自然》杂志刊登的一篇文章提到，有些中国人已经患上了一种所谓的区块链狂热症，这是一种典型的社会心理疾病。事实上，这种社会心理疾病已经对我们的金融秩序造成了重大伤害。所以我们必须治理金融乱象，整顿金融秩序。

如果金融乱象得不到治理、金融秩序得不到整顿，那么金融业的发展也会停滞不前。所以，金融乱象的治理对未来金融的稳定发展非常重要。这是一项极其艰巨的任务。

第 2 节　如何走出股市困局

当我们谈论中国经济问题时，有一个话题是无法回避的——中国股市为何会如此萎靡。

2018 年，网络上有这样一个段子：中国有两群人多年来一直处于非常郁闷的状态，一群人是中国的球迷，另一群人是中国的股民。

2018 年俄罗斯世界杯，中国赞助商、球童、中国制造的各种产品都在俄罗斯成功亮相，唯独中国的球队没能出现在俄罗斯。所以中国的球迷只要一谈起中国足球，就会非常郁闷。

> 从最近这几年的全球股市的表现来看，中国股市的表现的确非常令人失望。

2018 年，比球迷更加郁闷的人是中国的股民。从最近这几年全球股市的表现来看，中国股市的表现的确非常令人失望。美国、德国甚至中国周边很多国家的股市一直在上涨，而中国股市却非常萎靡，甚至持续下跌。

自2015年以来，中国股票指数下跌的幅度超过40%。在2018年股市最糟糕的时候，有人做过统计，2018年一年的股市市值缩水超过7万亿元，跌幅高达30%。上证综指、中小板和创业板指数下降幅度均为20%左右。与历史最高点相比，83只股票下跌超过90%，1 018只股票下跌超过80%，2 125只股票下跌超过70%，3 150只股票被腰斩。2018年中国股市的惨淡，大概只有1929年股市崩盘之后的美国股市能够与之相提并论。

2018年第四季度，股市跌破2 500点，形势非常严峻。2018年10月19日，政府出台了多项经济政策，希望扭转颓势。然而，尽管2019年年初的股市小幅上涨，但至今未能根本扭转颓势，形势依然不容乐观。

在2018年股市最低点的时候，市值缩水6.4万亿元。上证综指、中小板和创业板指数分别下降了22%、21%和17%。最低点的时候，整个A股相当于拥有6个苹果

（苹果市值大约为 1.1 万亿美元），市值只有 7.5 万亿美元，即 47.24 万亿元。

而过去 10 年来，全世界的主要股市，如美国股市、德国股市、日本股市都大幅上涨，唯有中国股市持续大幅下降、萎靡不振。

中国股市这些年的惨淡表现，确实给我们观察、分析中国经济提出了很多重要的问题，甚至是一些难以解答的问题。

中国经济存在很多不容易解释的悖论。股市的惨淡表现与宏观经济数据的优秀表现就是一个巨大的矛盾。

> 中国经济存在很多不容易解释的悖论。股市的惨淡表现与宏观经济数据的优秀表现就是一个巨大的矛盾。

这些年，来自国家统计局的数据表明，中国经济始终稳中向好，稳中有进。如果一个国家的经济始终向好，那么它的股市就应该反映这个经济向好的态势，即呈现一个持续上涨的态势。

美国就是如此。美国这些年的经济确实进入一个非常强劲的复苏阶段——经济快速增长，失业率降到史上最低水平，工资大幅上涨。于是，美联储开始加息，防止出现通货膨胀。

与此同时，我们可以看到美国股市也在持续上涨。自 2008 年金融危机以来，道琼斯指数上涨超过 4 倍，从最低的 6 000 多点一直上涨到 26 000 多点。特朗普上台后，道琼斯指数上涨超过 30%。

这就产生一个问题，为什么一方面中国经济稳中向好、稳中有进，一方面股市萎靡、持续下跌？这怎么解释呢？这确实让经济学者们感到非常困惑。

有一些学者认为，股市是经济的晴雨表。根据耶鲁大学教授、诺贝尔经济学奖得主罗伯特·席勒的毕生研究成果，这句话在短期内（3 年以内）不完全成立，但对 3 年以上的股市则肯定适用。也就是说，股市的短期波动不一定能够反映真实经济的变化，然而，股市长期的表现必然取决于真实经济的表现。

但我国出现这个矛盾的根本原因还是实体经济的发展并不理想。再看两组简单的数据：我国股市有 3 000 多家上市公司，它们的 2017 年的净利润约为 3.3 万亿元，其中 41 家上市银行的净利润接近全部净利润的一半（1.52 万亿元，占比 46.1%）。170 家房地产上市公司的利润为 5 135 亿元，占全部净利润的 15.5%。也就是说，上市银行和房地产上市公司两大板块的净利润之和几乎是全部上市公司净利润的 2/3。

> 但我国出现这个矛盾的根本原因还是实体经济的发展并不理想。

中小板和创业板总共有 1 444 家上市公司，而全部净利润只有 4 000 亿元，还不及 1.5 个中国工商银行的利润！何况有些上市公司的利润是虚假利润，没有真实的现金流。

> 股市的表现最终必然决定于实体经济的表现。

参考2018年的企业利润数据，中国最赚钱的行业第一名是银行，第二名是非银行金融机构，第三名是房地产。

试问，这样的经济结构，这样的收入和利润结构，股市怎么可能向好的方向发展？因为，股市的表现最终必然决定于实体经济的表现，决定于上市公司的收入和利润增长。

中国的经济学者们还有一个困惑：为什么市场的流动性已经处于非常宽松的状态，但股市还是持续下跌？我们从M2的总量（已超过180万亿元，是GDP的两倍）及每年M2的增速来看，流动性都非常宽松。而在流动性宽松的背景下，股市本应呈现一个比较繁荣的景象，但中国股市就是一个特例。

在流动性宽松的背景下，中国股市始终表现得非常萎靡，但这也是造成房地产市场非常火爆的原因。尽管这些年从中央政府到地方各级政府，它们都采取了很多措施来抑制房价上涨，但很多地方的房价还是在持续上涨。房价上涨的一个重要原因是投资者们觉得股市没有获得收益的希望，所以他们就把大量的资金投入房地产市场。

据统计，房地产财富在整个中国财富里面所占的比重已经高达80%。实际上，即使房地产财富占总财富的比重只超过40%，这也是一个非常不正常的财富分配格局。这难道不是一个非常矛盾的现象吗？市场有大量资金，货币政策相对宽松，然而股市却始终表现得如此萎靡。

房价上涨的一个重要原因是投资者们觉得股市没有获得收益的希望，所以他们就把大量的资金投入房地产市场。

股市的平稳健康发展关系经济社会全局。股市的一端连接着广大股民。股民通常是中产阶层或以上阶层的人。这些人在股市获利后，会增加消费，而消费恰恰是经济增长的主要驱动力。

从研究经济的角度上看，中国居民这些年的消费意愿一直在下降，特别是城镇居民的消费意愿。这当然有很多原因，比如贫富悬殊、财产性收入减少等，大家看不到财富增长的希望，消费意愿自然会持续下降。

> 从研究经济的角度上看，中国居民这些年的消费意愿一直在下降，特别是城镇居民的消费意愿。

股市的一端还连接着广大消费者。如果广大的消费者没有消费意愿，或者消费意愿不断下降，那么中国经济将会陷入大麻烦。实际上，我国这些年的社会消费品零售总额增速已放缓。从长期来看，消费意愿下降必定导致经济增长持续放缓甚至经济衰退。

消费意愿下降是否与房地产吸纳或者吞噬了很多人的财富有关？它是否与股市不能帮投资者实现财富增长有关？我相信是有关系的。房价持续上涨，很多人买房都需要找家人或亲戚借钱，这自然会影响消费；股市持续萎靡，没有投资收益，这也会影响消费。

那么股市的另一端呢？股市的另一端连接着企业。

如果股市继续萎靡，企业就无法完成融资。譬如 2018 年，中国 IPO 的融资额不到 3 000 亿元，这是非常不理想的情况。很多做风险投资、私募股权投资的基金也无法退出，进而影响了经济增长。

虽然国资委一再支持增加企业的直接融资比例，但这个比例的扩大范围仍然非常有限。

所以，股市健康发展、持续为老百姓和投资者提供财产性收入、为企业提供良好的融资渠道，是推动中国经济持续、稳定、健康发展的最重要的力量。但非常遗憾的是，中国股市在短期内似乎很难迈向持续、稳定、健康发展的轨道。虽然很多股民盼望牛市的到来，但据我观察，中国股市在短时间内似乎很难实现这个梦想。

中国股市确实存在缺陷。造成缺陷的原因是，在今天的上市公司中，国有上市公司的数量仍然是全部上市公司数量的一半以上。而国有上市公司的经营理念并非是一种市场化的理念。

与此同时，中国股市至今都实行审批制。审批制始终主导着中国股市，让其成为一个权力主导的市场，而非市场规则主导的市场。

同时，中国股市的现状反映出中国经济结构严重失衡。上市公司利润出现严重的两极分化，即银行和房地产这两大板块的上市公司利润总和占全部上市公司的利润总和的2/3。

譬如2017年，仅仅41家上市银行的利润就占到3 000多家上市公司利润总和的一半，而其他上市公司的平均利润却非常微薄。在这种情况下，中国股市怎么可能迎来牛市呢？

此外，我国科技类上市公司的盈利能力普遍很弱。如果我们把我国科技类上市公司和美国、日本、德国同类型同行业的上市公司做对比，那么我国科技类上市公司的盈利能力要差很多。

所以我国上市公司的利润分配就呈现严重的两极分化：一是大银行、大房地产公司占有利润的比例很大；二是科技类上市公司的盈利能力不足。

中国股市真正反映了中国经济结构的严重失衡，反映了中国经济脱实向虚所造成的严重后果。

中国股市的惨淡景象提醒我们思考一个问题：资本和权力，究竟谁应该成为主导力量？答案当然是资本。但是在中国，权力是主导力量。所以中国股市要想真正迎来一个长期牛市，就必须彻底实现改革。

第 8 章

中国经济的未来

第1节　突出重围

这一章，我们需要从更深的层面来总结今天中国经济面临的大挑战。这个巨大挑战从2018年开始变得尤其突出。

2018年9月6日，著名经济学家张五常应国家市场监督管理总局邀请，前往广州参加2018市场监督管理论坛。张五常认为，中国经济遇到了一些麻烦，且我们很难处理这些麻烦；与中国经济在20世纪90年代遇到的困境不同，我们这一次没有更多理由保持乐观，中国经济可能会面临插水式下跌。

2018年夏季，我在广州周边考察一些企业，企业家们坦陈当地经济负增长，企业面临前所未有的困难。而深圳作为全国最健康和最有活力的经济体，同样面临很大的经济压力。

2018年以来，浙江、江苏、重庆等地的官方经济数据均表明，这些地方的GDP增速有所放缓，并且“三驾马车”（投资、消费、出口）齐放缓。

2019年的经济下行压力依然很大。2019年上半年，中国的GDP增长率为6.3%。这是多年来最低的增速。上半年的全国规模以上工业增加值同比增长只有6%，增速比一季度继续回落0.5个百分点。2019年7月，所有经济指标均创历史新低——规模以上工业增加值创新低，增速放缓到4.8%；房地产销售面积增速放缓到6.2%，金额增速放缓到1.3%；汽车产销量均大幅负增长，销量下降幅度超过12%；社会消费品零售总额的增速放缓到7.6%，预期8.4%，前值9.8%，属于显著放缓；固定资产投资增速同比放缓到5.7%，预期5.8%；城镇调查失业率为5.3%，前值5.1%，有较大幅度上升。

> 中国的现状是制造业景气指数明显下降、内外需疲弱、企业信心比较低落。

总体来看，中国的现状是制造业景气指数明显下降、内外需疲弱、企业信心比较低落。中共中央政治局对中国当前的经济形势有一个基本判断：我国经济发展面临新的风险挑战，国内经济下行压力加大。

为什么我国经济下行压力在不断加大？原因很复杂，我们可以从长期和短期两个角度来分析原因。从长期角度看，任何国家的经济都不可能持续高速增长。经济在高速增长一段时间之后，其增速必然放缓。这是因为随着经济持续增长，需求的增速必然放缓，新的投资机会必然减少。按照凯恩斯的说法，投资的边际效率也会相应下降。美国、德国、日本等发达国家的经济在经历高速增长之后，GDP 增速开始大幅放缓，这些发达国家在过去三四十年的平均 GDP 增速不到 4%，多数国家仅有 3%。从这个意义上说，中国 GDP 增速的放缓具有历史必然性，我们所能做的就是努力维持增速平稳放缓，并在这个平稳放缓的过程中，努力实现经济的转型升级。

而从短期角度看，中国经济持续下行有四个方面的原因。

一是外部环境发生重大且比较负面的变化，全球GDP增速普遍放缓。国际货币基金组织和世界银行都大幅下调了全球经济增长预期，很多投资者和经济学者甚至预言美国经济在2020年可能陷入衰退。

二是我国经济存在去杠杆的压力，这是我国多年的债务累积所导致的结果。债务累积必然会导致去杠杆周期的出现。越来越多的企业无法按时还本付息，且相当一部分企业出现“资产负债表”衰退，即为了偿还债务，越来越多的企业或被迫出售资产，或无力再举借新的债务。去杠杆压力迫使企业收缩投资，这必然会影响GDP增速。

三是我国经济已经进入转型升级的重要历史时期。很多企业正面临转型升级的巨大压力，它们需要寻找新的方向，并持续地增加研发投入，因此转型升级的过程是一个漫长而艰难的过程。

四是2018年出现的否定民营经济的言论极大地打

击了民营企业家的信心。而中国改革开放最重要的历史经验就是通过体制改革，保障产权，鼓励企业家创业，让民营企业家精神得到弘扬。可以说，民营企业家创造了改革开放的奇迹。但2018年出现的“消灭私有制”“民营经济离场论”等否定民营经济的言论使民营企业家产生了焦虑情绪。

随后，党和国家领导人主持会议，重新强调“两个毫不动摇”，给民营企业家吃下定心丸。此外，这还涉及另外一个更深层次的问题：民营企业能否在法律上得到平等对待？这些问题是影响中国经济发展的根本性问题。事实上，国家在信贷发放、市场准入、案件裁定等方面的政策，对民营企业有失公正。

中国经济主要面临三重压力：债务或金融风险的压力，转型升级的压力，外部环境恶化的压力。

总之，中国经济主要面临三重压力：债务或金融风险的压力，转型升级的压力，外部环境恶化的压力。这三重压力无疑让中国经济的下行压力持续加大。对此，我们必须有充分的思想准备，并从政策、战略上做出相应调整。

如何实现中国经济转型升级？答案是通过激发企业家活力逐步实现改革。

本书的中心内容就是中国经济突破困境、突出重围的方法论。

我在前面提到我国的科技创新水平与美国、德国、日本、以色列等国家相比，还有巨大的差距，并详细介绍了美国、以色列等国家的科技创新生态体系。

目前，我国经济面临巨大挑战。我国金融业的国际竞争力依然不足，面临巨大的风险。这个巨大的风险概括起来就是四个字——脱实向虚。如何解决中国经济脱实向虚的问题？如何促进我们的经济从脱实向虚变成脱虚向实？

要解决以上这些重大问题，要使中国经济突破困境、突出重围，我们需要全面调整宏观经济政策、微观经济政策，需要系统改革财政政策、货币政策、税收政策、产业政策等多方面的政策，我们更需要转变思维方式，再一次解放思想。

我希望通过前面的内容给读者传递一个最核心的信息：未来中国经济面临的真正挑战就是如何实现第二次历史性跨越。

中国经济的第二次历史性跨越，也可以称为中国经济的第二次腾飞，其基本目标是使中国进入发达国家的行列。第二次历史性跨越比第一次历史性跨越要艰难得多。因为第一次历史性跨越追求的是总量增长和外延式扩张，我们有后发优势，可以借鉴和运用先进国家的技术。然而，第二次历史性跨越则意味着中国经济只有依靠科技创新，才能实现高质量发展。

如今，人人都谈创新，创新也有很多种形式，如商业模式的创新、管理方法的创新、产品的创新、技术的创新等。大家还经常引用熊彼特在百年前提出的“五种创新”理念。

但是我想强调的是，最根本的创新永远是科技创新。而科技创新的背后是基础科学的伟大发现。没有基础科学的伟大发现，就不可能实现技术的伟大突破，就不可能实现新产品的发明和新产业的创造。

最根本的创新永远是科技创新。

所以，归根结底，中国经济需要实现成功转型，需要基础科学方面的研究和创新。弘扬真正的企业家精神就意味着弘扬创新精神，激发创新活力。中国最需要的就是优秀的企业家和企业家精神。

第2节　大道之行

2019年5月21日，任正非接受多家媒体联合采访。几天后，我将访谈中有关教育和基础科学的内容整理出来，并写了一篇名为《任正非先生真正的忧虑是什么？》的文章。我在文章中写道："任正非先生看似坦荡从容的话语，实在是饱含着深沉的悲壮和深深的忧虑。任正非先生所谈者看似是华为，所忧者其实是中华。他关注的问题表面看起来是华为如何应对当下所遭遇的困境，实际上他的所忧所虑者是国家的基础教育、人才培养、科学创造、科技创新、对外开放以及全球人才竞争。"

任正非说："中国将来和美国竞赛，唯有提高教育，没有其他路。……美国在科学技术上的深度、广度，都是值得我们学习的。……这与我们这些年的经济上的泡沫化有很大关系，P2P、互联网、金融、房地产、山寨商品等泡沫，使得人们的学术思想也泡沫化了。一个基础理论形成需要几十年的时间，如果大家都不认真研究理论，都去喊口号，那么几十年以后我们不会更加强大。所以，我们还是要踏踏实实做学问。”

任正非提出的问题，是我们每个人都应该深入思考的问题。中国经济转型升级的出路究竟在哪里？最重要的战略和策略是什么？我们可以从任正非的话中得到真正的答案。

事实上，现代化强国无一不重视教育。让我以美国为例来说明这个观点。前不久，我去美国开会，有机会故地重游。我游览了纽约、费城、波士顿和新英格兰地区。在这趟旅途中，我一直在思考一个问题——为什么美国会成为世界上最强大的国家？

美国于 1776 年建国，当时的美国是一个经济极其落后的国家，所有工业产品都依赖进口。然而就是这样一个国家，在 100 年之后，超越了当时的英国，成为世界上最强大的工业国，也成为世界上经济体量最大的国家，并且这种地位一直延续至今。

那么美国如何在短时间内从一个小小的殖民地，崛起成为世界上最强大的国家？这是经济学者要研究的最重要的问题之一，不同国家、不同时代的经济学者给出了不同的解释。但归根结底，这些解释都与经济增长有关。美国自建国以来，其经济一直都处于一个增长的长周期，不得不说，这是一个惊人的奇迹。

我在思考美国崛起时，也在思考另一个问题：发达国家和发展中国家的主要区别是什么？

我认为，我们可以参考两个重要的指标。

第一个指标就是农村和城市的差别。在发达国家，农村和城市的差别基本上已经消失了。美国小镇的建筑非常美观，环境非常优美，各种基础设施非常完善，如 24 小时热水、宽带网络覆盖。但在中国，城乡差别还远远没有消失。中国的广大农村没有很好的给排水系统，很多地方没有自来水。

第二个指标就是在发达国家，低收入人群的生活与高收入人群的生活已经没有差别了。因为发达国家建立了比较完善的社会保障系统，发达国家的低收入人群无须担心温饱、教育、医疗、养老等问题。而发展中国家的绝大多数的低收入人群还在为温饱发愁，更有许多人因病致贫，因病返贫。

如果我们以经济学数据来衡量，那么人均收入水平最高的国家和人均收入水平最低的国家的人均收入差距可以达到数百倍。比如美国、日本这些发达国家的人均收入已经超过了5万美元，而有些欧洲国家的人均收入甚至达到了15万美元。但是那些发展中国家的人均收入可能还不到500美元。为什么发达国家和发展中国家的人均收入差距会这么大？这就是经济增长的奥秘所在。自亚当·斯密的《国富论》出版后，人们就开始思考经济增长的奥秘了。《国富论》第一章的内容就是有关经济增长的问题。诺贝尔经济学奖得主罗伯特·卢卡斯说："一旦人类思考经济增长问题，就很难再思考其他问题。"

经济增长与工业革命紧密相连。第一次工业革命在英国爆发，它的主要产业是纺织业、采矿业、交通运输业等。第二次工业革命出现了很多重要的产业，电力作为一种新能源登上了历史舞台，主要的产业包括电力业、化学业、石油业、汽车业等。第三次工业革命以原子能、电子计算机、空间技术和生物工程的发明及应用为主要标志。而第四次工业革命，是以人工智能为代表的革命。以史为鉴，凡是进入发达国家行列的国家基本上都在工业革命中处于主导地位。

现代经济学者有最基本的一套理论来解释经济增长——人类的经济增长主要来自人的创造力，也就是来自人力资本，而人力资本则来自高质量的教育。凡是实现经济持续增长的国家，它们的教育质量都非常高。

回到最初的问题：美国为什么会成为世界上最强大的国家？我想它的秘密武器就是教育。我概括过美国崛起的四个关键词：制度、教育、科技、金融。制度是根本，教育是基础，科技是先导，金融是工具。从经济增长的角度看，制度和教育是最重要的前提和原因，科技和金融只是结果。

我们在关注美国的储蓄和投资的同时，更应该关注美国的教育。

美国有很多著名的高等学府，如哈佛大学、哥伦比亚大学、普林斯顿大学、加州理工学院、麻省理工学院、芝加哥大学、斯坦福大学等。这些大学培养了一代又一代追求创新的科学家和企业家。可见，美国的强大得益于美国对教育的重视。因此，我们在关注美国的储蓄和投资的同时，更应该关注美国的教育，因为教育才是推动经济增长的重要力量。

第3节　别无选择

我在前面引述任正非的话表达了一个观点：高质量的教育能使国家富裕、强大。这并不是一个抽象的观点，因为它反映了人类历史发展的基本事实。纵观历史，我们可以看到一个事实——国家只有高度重视教育和基础科学研究，才能真正实现持续的经济增长。简而言之，教育和基础科学研究才是一个国家最重要、最持久的竞争力源泉，唯有高质量的教育才能激发科技创新，才能真正实现创新驱动增长和可持续发展。

为了充分理解这个基本事实，我们就必须深入研究创新的基本规律。

然而，在研究基本规律之前，我们应该清楚创新的五个层次。

第一个层次的创新是最高层次的创新，就是纯粹精神和思想的创新。中国古代的伏羲、尧、舜、禹、周文王、周武王、孔子、孟子、老子、庄子这些伟大的思想家，他们的创新思想为人类精神生活和社会文明的进步指明了方向。当然，如此高级别的创新是人类历史上极其罕见的。

第二个层次的创新是纯粹知识的创新。所谓纯粹知识的创新就是发现自然和社会的根本规律。这也是我们通常讲的自然科学和社会科学的重大进步。牛顿、麦克斯韦、爱因斯坦等科学家的伟大科学发现，从根本上改变了人类文明进步的方向。

第三个层次的创新是艺术的创新，如诗歌、音乐、小说、戏剧、绘画、建筑、雕塑等作品的创作。艺术的创新也是人类纯粹精神的创新。

第四个层次的创新是把科学思想理论转化为改造世界的强大物质力量。

第五个层次的创新是不断优化技术、产品、服务、商业模式、工作流程，也就是商业创新、技术创新。

这些不同层次的创新有其内在的逻辑关系。

我们今天研究创新，就是希望建立一个富有活力的科技创新生态体系。因此，我们必须深入研究创新的基本规律。

第一个规律：创新是一个文化现象，不是一个经济现象。最经典案例是硅谷的诞生。

第二个规律：独立的精神、自由的思想是一切创新的源泉。最经典案例是犹太民族的创新故事。

第三个规律：富有活力的科技创新生态体系促进创新的正向激励。最经典案例是深圳成为中国最具活力的创新中心的故事。

第四个规律：开放合作助力科技创新。最经典案例是互联网的发明。

第五个规律：跨界融合激发创新活力。最经典案例是乔布斯设计的苹果电脑——艺术和科学的完美结合。

第六个规律：任何伟大的创新必然是长期专注

及努力的成果。最经典案例是信息化时代的来临。

创新有四个基本逻辑。

1. 创新的产品必然来自创新的科技。

2. 创新的科技必然来自创新的科技发明。

3. 创新的科技发明必然来自创新的教育体系。

4. 创新的教育体系必然来自保障“独立的精神，自由的思想”的社会政治制度。

中国急需构建富有创新活力的经济体系。人类创新历史昭示了一个最基本的规律，那就是划时代的科技和产业创新必定源自划时代的思想创新。唯有创新的思想才能激发创新的技术、产品和服务。思想创新的重要性高于一切。正如伟大的法国科幻作家儒勒·凡尔纳（1828—1905）所说：“凡是人能想到者，必有人能实现之。”

简言之，创新的基本规律：独立的精神、自由的思想才是一切创新的源泉。

什么是创新？就是乔布斯所说的“非同凡想”——思考不同的事物，勇于挑战、颠覆权威；对现有的一切抱有深刻怀疑的思想，勇敢地质疑一切，勇于创造一个新的世界。同时持续的创新离不开科技创新生态体系建设，而一个科技创新生态体系的形成需要各路英才的紧密配合。科技创新生态体系需要一种多元、开放、包容的文化。

企业家精神的核心是创新精神。伟大的企业家和一般商人是有根本区别的。乔布斯曾经对企业家和一般商人的区别做出了精辟的点评。他认为，很多自称是企业家的人其实根本称不上企业家。他们办企业只不过是为了迅速套现，为了提高自己的身价而已。而真正的企业家则是为人类的文明、为人民的物质生活和精神生活的提升贡献自己的力量，他们有高远的理想、坚韧不拔的意志、为人民服务的宏大愿望。

我认为，中国要想完成经济转型升级的艰巨任务，就必须大力弘扬企业家精神，因为企业家精神是经济实现高质量发展的动力源泉。

人类正在经历有史以来最深刻的工业变革，那就是人工智能革命。

与此同时，我们还必须充分认识到，人类正在经历有史以来最深刻的工业变革，那就是人工智能革命。

人工智能革命正在改变全球产业链、价值链、供应链、贸易规则，也在改变人类的生活方式、学习方式和教育理念。

人工智能革命有如下主要产业和核心技术。

1. 无所不包的人工智能。

2. 人工智能、5G和万物互联。

3. 人工智能、5G和机器人。

4. 人工智能、5G、智能驾驶和无人驾驶。

5. 人工智能、5G、智慧城市、智慧家庭、智慧生活和智慧经济。

6. 人工智能、5G 和数字化世界。

7. 人工智能、5G、新材料和 3D 打印。

8. 人工智能、5G 和大数据运用。

9. 人工智能、5G 和共享经济。

10. 人工智能、5G、脑科学和神经科学。

11. 人工智能、5G、基因科技和定制人类。

12. 人工智能、区块链和金融再造。

任正非认为，未来二三十年，人类一定会经历一场巨大革命，现有的生产方式将发生天翻地覆的变化。推动这种改变的核心力量就是人工智能。人口众多将不再是成为工业大国的必要条件。加拿大、瑞士将成为工业大国。在人工智能时代，一个人的贡献将相当于十个人甚至一百个人的贡献。加拿大将变成拥有 3 亿人的工业大国，瑞士将变成拥有 8 000 万人的工业大国，德国将变成拥有 8 亿人的工业大国。

140 年前，世界中心是匹兹堡（钢铁之都）；70 年前，世界中心是底特律（汽车之都）。现在的世界中心在哪里？答案是它还在漂移。核心工业将被大规模地转移到拥有高质量教育的国家，发达国家将实现智慧工业化。人工智能革命正在引起全球产业链、价值链、供应链的大规模重组。

人工智能革命揭示了几个基本规律。

1. 人类进化的基本规律：机器取代人或辅助人，带来劳动生产力快速增长。

2. 人类经济增长的基本规律：经济增长取决于劳动生产率，劳动生产率取决于科学技术。

3. 人类创新的基本规律：独立的精神、自由的思想才是一切创新的源泉。

4. 强国更替的基本规律：谁能够掌控全球科技、产业、经济的制高点，谁就是强国。

最后，我想再次强调，中国经济要想突出重围、实现转型升级、完成第二次历史性跨越，就只有一条路——真正深化体制机制改革，激励企业家，弘扬企业家精神；高度重视教育和基础科学，矢志建立一个富有活力的科技创新生态体系。

舍此，我们别无选择。

致　谢

感谢上海鼎翊企业管理有限公司董事长李海峰的邀请，让我在多维 APP（应用程序）讲授“中国经济热点问题 50 讲”，本书中的很多观点皆来自“中国经济热点问题 50 讲”的课程内容。感谢我的同学、中国水利水电出版社智博尚书分社总编辑雷顺嘉为书稿做的大量的前期整理工作。

特别感谢中信出版集团王律和肖男的高效严谨的工作，让本书能够顺利出版。

特别感谢交通银行首席经济学家连平、中国人民大学副校长刘元春、中国人民大学商学院院长毛基业对本书的支持。